全国职业院校智能网联汽车新形态工作手册式教材

全国技工院校智能网联汽车工学一体化教材

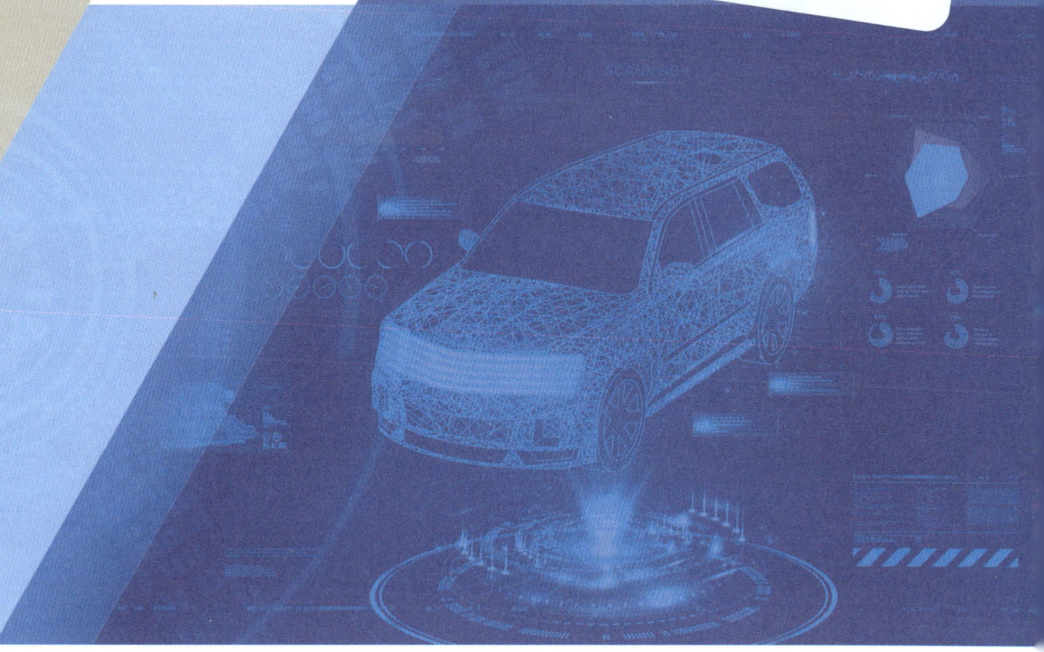

智能网联汽车计算平台部署与测试

中德诺浩汽车职业教育研究院　组织编写

主　编　童晓红　吕丕华

副主编　赵彦斌　王洪佩　赵翠霞

中国劳动社会保障出版社

内容简介

本书以新一代汽车企业岗位（群）任职要求、职业标准、典型工作任务为主体内容，以“教、学、做”合一的形式编写而成，具有工作手册和教材的共同特征。全书共有 2 个情境、8 个任务，内容主要包括计算平台检查、计算平台硬件准备、计算平台工控机安装、计算平台软件系统认知、操作系统安装准备、操作系统安装与测试、中间件 ROS 安装、中间件 ROS 配置与测试等。

本书可作为职业院校与技工院校智能网联汽车相关专业教学用书，也可作为汽车企业相关技术人员与社会人士培训参考用书。

图书在版编目（CIP）数据

智能网联汽车计算平台部署与测试 / 童晓红，吕丕华主编 . -- 北京：中国劳动社会保障出版社，2024

全国职业院校智能网联汽车新形态工作手册式教材　全国技工院校智能网联汽车工学一体化教材

ISBN 978-7-5167-6350-6

Ⅰ. ①智…　Ⅱ. ①童…②吕…　Ⅲ. ①汽车 - 智能通信网 - 计算 - 测试平台 - 职业教育 - 教材　Ⅳ. ①U463.67

中国国家版本馆 CIP 数据核字（2024）第 043146 号

中国劳动社会保障出版社出版发行

（北京市惠新东街 1 号　邮政编码：100029）

*

三河市华骏印务包装有限公司印刷装订　　新华书店经销

880 毫米 ×1230 毫米　16 开本　6.25 印张　131 千字

2024 年 3 月第 1 版　　2024 年 3 月第 1 次印刷

定价：22.50 元

营销中心电话：400-606-6496

出版社网址：http://www.class.com.cn

http://jg.class.com.cn

前言

近年来，我国汽车产销总量连续位居全球第一，汽车产业已发展成为我国国民经济重要的战略性、支柱性产业。伴随新一轮科技革命和产业变革，智能网联汽车已成为全球汽车产业发展的战略方向。

党的二十大报告指出，“坚持把发展经济的着力点放在实体经济上，推进新型工业化，加快建设制造强国、质量强国、航天强国、交通强国、网络强国、数字中国”。国家发展和改革委员会等部门印发的《智能汽车创新发展战略》提出，“发展智能汽车，有利于提升产业基础能力，突破关键技术瓶颈，增强新一轮科技革命和产业变革引领能力，培育产业发展新优势”，具有重要的战略意义。与之呼应，汽车产业对于高素质技术技能型人才的需求越来越紧迫。

根据中共中央办公厅、国务院办公厅印发的《关于加强新时代高技能人才队伍建设的意见》，为贯彻落实全国职业教育大会精神，为我国汽车产业提供有力的人才和技能支撑，编者团队以岗位职业技能为核心，以优化课程结构、加强实践教学、突出能力培养和提高教材质量为突破口，编写了这套职业院校智能网联汽车新形态工作手册式教材。

本套教材融入企业新知识、新技术、新工艺、新方法，根据汽车产业链典型岗位工作标准，将智能网联汽车理论知识与实践应用有机结合，综合培养学生的专业知识、技术技能、职业道德等职业综合素质和行动能力，具有以下特点：

（1）产教融合，内容前瞻。集合职业院校与龙头企业等多方力量，依据职业教育国家专业教学标准，按照生产实际和岗位需求，将新技术、新工艺、新规范、典型生产案例纳入教材内容，对接职业标准和岗位（群）能力要求。

（2）理实结合，工学一体。以真实生产项目、典型工作任务等为载体，把握学生认知规律，体现先进职业教育理念，将工作过程和学习过程融为一体，培养学生的综合职业能力。

（3）模式先进，编排合理。采取行动导向教学模式，按照结构化、模块化、系统化的要求精心编排教材内容，满足项目学习、案例学习、模块化学习等不同学习方式的需求。

（4）形态创新，数字引领。采用工作手册式教材形式，图、文、表并茂，“岗课赛证”融通，配套数字资源形式多样、信息技术应用充分，附有专属二维码便于使用者浏览和学习，有效激发学生的学习兴趣和创新潜能。

（5）课程思政，导向明确。内容编写坚持正确的政治方向和价值导向，落实课程思政要求，弘扬劳动光荣、技能宝贵、创造伟大的时代风尚，培育劳模精神、劳动精神和工匠精神。

（6）彩色印刷，制作精良。全书采用彩色印刷，版面清晰，主题明确，满足理论及实训等多种教学场景。

本套教材可作为职业院校智能网联汽车相关专业核心教材，也可作为其他汽车类专业的专业课教材和拓展课教材使用，同时还可供从事汽车研究、设计、制造、使用和维修的工程技术人员学习和参考。

智能网联汽车技术是传统汽车技术与信息技术、人工智能、通信技术、传感器技术等新技术的深度融合，整个行业还在不断地创新探索技术和服务的内容、模式，加之编写团队水平有限，使本书在一些具体问题的处理上难免有不尽如人意之处，敬请广大读者批评指正！

《智能网联汽车计算平台部署与测试》由合肥职业技术学院童晓红、中德诺浩（北京）教育科技股份有限公司吕丕华担任主编，中德诺浩（北京）教育科技股份有限公司赵彦斌、菏泽职业学院王洪佩和赵翠霞担任副主编。

此外，本教材在编写过程中还得到了相关行业、企业，以及职业院校产、学、研各方面的专家和技术骨干的参与和支持，在此致以诚挚的谢意。

编　者

Contents 目录

情境一
计算平台硬件安装

情境介绍

智能网联汽车已成为全球汽车产业发展的战略方向。在电动化、智能化、网联化、共享化（“新四化”）背景下，汽车电子电气架构正在由分布式向集中式持续演进，自动驾驶成为产业竞争的焦点。在此背景下，车载计算平台作为智能网联汽车的“大脑”，支撑实现车辆先进驾驶、自动驾驶等关键功能，其重要性更加凸显。车载计算平台采用基于异构分布的硬件平台，在集成自动驾驶操作系统的同时满足汽车工业对于系统性能、可靠性及安全性的极高要求。

本情境包含计算平台检查、计算平台硬件准备、计算平台工控机安装三个任务，包括车辆电子电气架构检查、计算平台硬件参数记录、计算平台部件检查、工控机安装、工控机参数记录等内容。

情境目标

▸ 能根据车辆技术手册，规范完成车辆电子电气架构检查与计算平台安装检查。

▸ 能根据计算平台产品手册，规范进行参数检查和计算平台部件检查。

▸ 能根据车辆装调规范和工控机技术手册，规范完成计算平台工控机安装工作与参数记录。

任务一
计算平台检查

任务导入

场景：某国产自主品牌汽车试制车间。

人物：装调技师王师傅、实习技师小宋。

情境：试制车间王师傅的小组接到了新的任务，准备在接下来的一周内完成一轮新开发智能网联汽车样车的计算平台部署与测试工作。小宋知道智能网联汽车很“聪明”，但是他对车辆计算平台非常陌生。为了让小宋熟悉智能网联汽车计算平台，王师傅安排小宋与小组其他成员先去研究一台已完成装配的样车，对这台样车进行计算平台检查。接下来请你和小宋一起开始工作吧。

任务目标

- 能根据车辆技术手册，与他人合作，规范地完成车辆电子电气架构检查。
- 能根据车辆技术手册，正确使用工具，独立、规范地完成计算平台安装检查。

任务实施

一、电子电气架构检查

1. 知识学习

（1）智能网联汽车驾驶系统的技术层级

智能网联汽车驾驶系统分为感知系统、决策与控制系统、执行系统三个技术层级，如图 1-1 所示。

感知系统的作用可类比于人的耳朵和眼睛，作用是感知智能网联汽车外部与内部的实时环境，以及

驾驶员的状态和操纵行为，为车辆提供人 – 车 – 路综合信息输入。感知系统的硬件一般有摄像头、雷达等环境感知传感器和惯性导航以及 GPS 等导航定位装置。

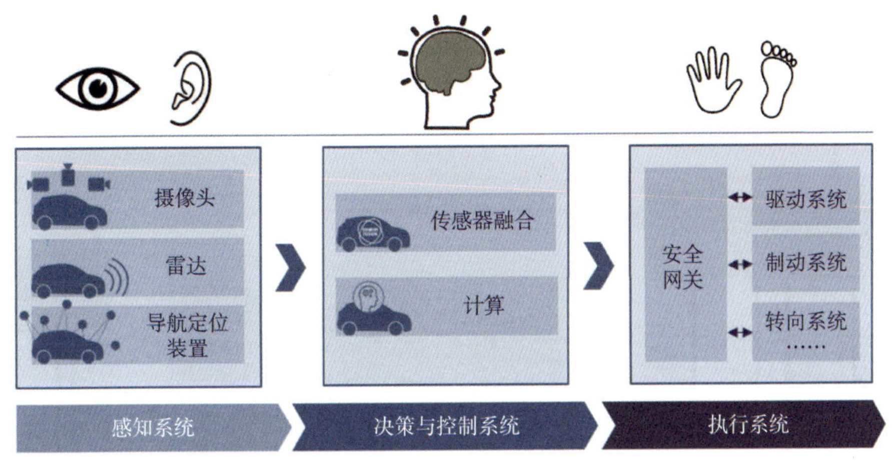

图 1–1 智能网联汽车驾驶系统的技术层级

决策与控制系统是智能网联汽车的“大脑”，可以综合分析感知系统的各种信息，进行大量的计算机运算，代替驾驶员完成汽车行驶路径规划、驾驶行为决策和运动控制。

执行系统支撑和实现决策与控制系统的期望目标，完成具体的车辆加速、减速、转向、制动等动作。智能网联汽车的执行系统包含线控驱动系统、线控转向系统、线控制动系统、线控换挡系统等。

（2）智能网联汽车电子电气架构的定义

智能网联汽车电子电气架构（electrical/electronic architecture，E/EA）包括智能网联汽车系统的感知系统、决策与控制系统、执行系统所有层级中的电子和电气部件，它们之间的互联结构（又称拓扑机构），以及它们之间的连接线束。电子电气架构的硬件包括相关的电子控制单元、传感器、执行器与网络设备。其中，互联结构可以被简单理解为车辆的多个控制器之间的连接方式。

典型的电子电气架构如图 1–2 所示，包含车身控制器、雷达传感器、摄像头、动力与底盘系统控制器，以及连接各个控制器的车载以太网。此外，图 1–2 中的电子电气架构还含有无线通信装置，用于车辆与云服务、外部交通参与者等进行信息交换。图中传感器控制系统、动力与底盘控制系统、无线通信系统都通过以太网与车身系统连接，实现全车电子电气设备的互联互通。

（3）智能网联汽车电子电气架构的发展历史

随着汽车向智能化、网联化发展，对汽车电子电气架构提出以下三方面的技术要求。

1）算力强与安全性高

根据驾乘舒适性与使用便捷性的市场需求，智能网联汽车的智能座舱、线控底盘等系统日趋复杂，汽车电子底层硬件控制器不再是由实现单一功能的单一芯片提供简单的逻辑计算，而是需要提供更为强大的算力支持；同时，由于承担自动驾驶等功能，电子电气架构需要具有极高的安全可靠性。

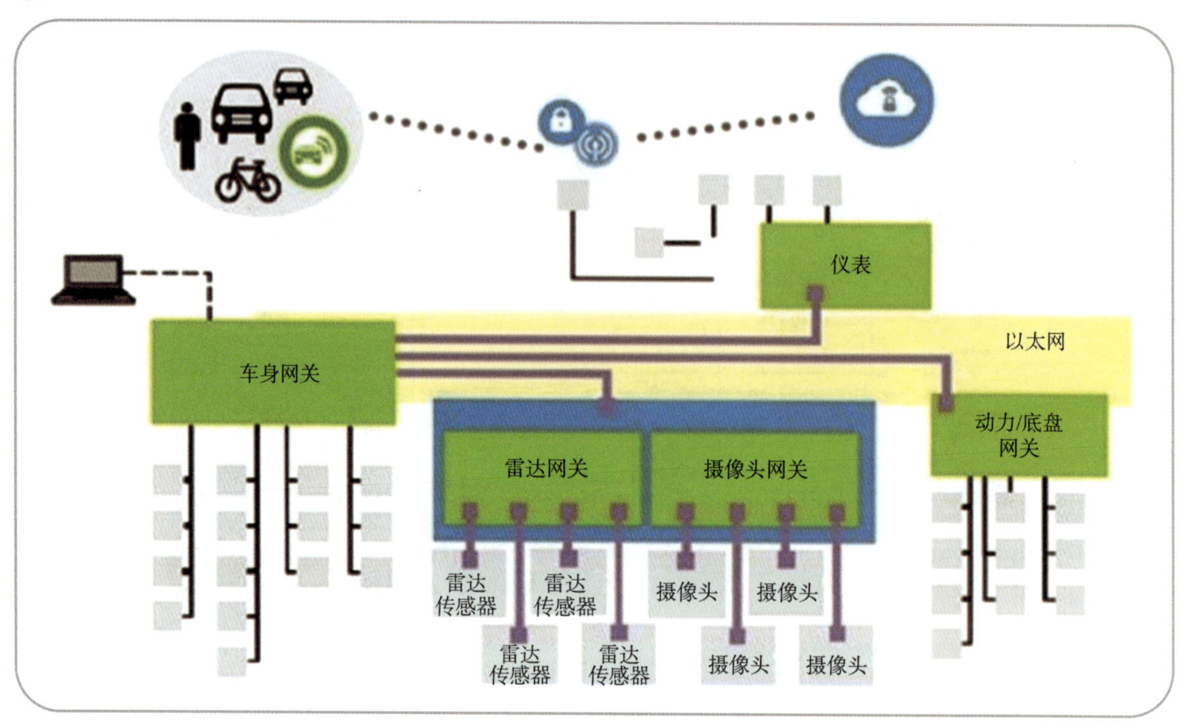

图 1-2　典型的电子电气架构

2）功能模块具有扩展性

整个电子电气架构要求具有良好的适应性，软件不再是基于某一固定硬件开发，而是要具备可移植、可迭代和可拓展等特性，例如，理想中的自动驾驶决策与控制层的控制器软件应能够同时完成车身控制、底盘控制和动力控制等多个车辆系统的操控功能。

3）系统通信功能优异

随着车辆电气系统日益复杂，各个控制器、传感器等部件之间所传输的信息内容也越来越复杂，与此同时，自动驾驶 / 辅助驾驶功能对信息传输的实时性也提出了更严苛的要求，因此，智能网联汽车电子电气架构需要具备高速网络连通性。

智能化与网联化共同推动了汽车电子电气架构的变革，一方面是车内网络拓扑的优化和实时、高速网络的启用；另一方面是控制器（ECU）的功能逐渐集成化。

汽车电子电气架构技术发展路线见表 1-1。表 1-1 中黑色色块代表具有特定单一功能的控制器、执行器或传感器，如电动车窗控制器、车载摄像头等；蓝色色块代表域（domain）控制器，是汽车电子电气架构中将各个分散的单一功能电子电气部件按照功能域进行划分并集成的控制器，如车身域控制器、底盘域控制器等；表 1-1 中中央网关（central gateway）是汽车电子电气架构所组成网络的中心枢纽，可跨功能域实现车辆不同类型网络、不同域之间安全可靠的信息传输和数据处理。

表 1-1　汽车电子电气架构技术发展路线

汽车电子电气架构	分布式			域集中式	车辆集中式
技术阶段	第一代	第二代	第三代	第四代	第五代
架构					
主要特性	独立的电子电气部件，功能单一，电子器件与各自的控制器相连	将各电子电气部件按照功能域进行划分，组成车身 / 安全舒适域、底盘域、动力域和信息娱乐域；整个架构由3~4 个相互独立的网络组成；各个域之间进行有限的信息通信	各个域之间通过中央网关紧密连接和协同工作；可实现复杂的跨域功能，如车辆自适应巡航（ACC）等	使用集成有网关功能的域控制器；借助域控制器的强大算力，执行更复杂的功能，同时在极大程度上简化了整个电子电气系统	使用“虚拟域”的概念，在软件层面进行域定义；极大减少了硬件数量；使用以太网在内的高速车载通信网络；各控制器具有高性能的计算能力
应用状况	不再应用	较少应用	大量应用	在高端车上应用较多，正在逐渐普及	未来的发展趋势

随着高速移动网络通信技术逐渐成熟，在车辆集中式电子电气架构基础上，智能网联汽车的电子电气架构正在向“车－云计算”发展。在该类架构下，车载网络与车外网络的边界被打破，相当一部分车载环境感知、自动驾驶决策、控制功能将被转移到云端进行计算，云端控制与车载控制器将共同控制车辆。这类电子电气架构的应用可以使车辆的功能更加丰富和智能，同时在极大程度上简化了车辆本地电子电气架构的复杂程度，减少了车载电子电气部件的数量以及车载控制单元的算力要求和可靠性要求。当前，受限于技术成熟度和成本约束，“车－云计算”电子电气架构距离匹配量产汽车产品尚有一段距离。

2. 技能操作

（1）操作准备

准备技能操作所需的物料，见表 1-2。

表 1-2　物料准备

类别	所需物料
教学整车 / 实训平台	智能网联实训汽车
仪器、设备、工具	纸、笔、车辆技术手册、电路图

（2）电子电气架构检查

根据车辆技术手册与电路图，查找并列写汽车各控制器，如果各控制器与其他控制器通过网络连接，请填写网络类型，将工作内容记录在表 1–3 中。

表 1–3　工作记录表

序号	控制器名称	功能	所属域	与其他控制器的连接方式
1				
2				
3				
4				
5				
6				
7				
8				
9				
10				
11				
12				

二、计算平台安装检查

1. 知识学习

（1）计算平台的定义

智能网联汽车计算平台是车辆电子电气架构中负责数据存储、计算和通信能力的多个计算部件的统称，其主要功能是完成汽车行驶和信息交互过程中所产生的海量、多源、异构数据的高性能计算，具有利用人工智能、信息通信、互联网、大数据、云计算等新兴技术，实现实时感知、决策、规划，以及参与全部或部分控制，实现自动驾驶、联网服务等功能。

车辆计算平台作为概念被提出，与智能网联汽车电子电气架构向域集中式（第四代）和车辆集中式（第五代）发展密切相关，与“车辆控制器（ECU）”或者“行车电脑”在车辆控制功能方面进行区别。车辆计算平台所泛指的计算部件可以是车辆各个域控制器、跨域控制器，或者融合所有域控制器而构成的中央计算单元。

计算平台可以被类比为智能网联汽车的“大脑”，集成了车辆自动驾驶操作系统，每个车企的零部件命名规则不同，计算平台部件在各种技术资料中有主控制单元、中央电脑等多种名称，在进行相关工作时需以技术手册为准。典型的车规级计算平台如图 1–3 所示。

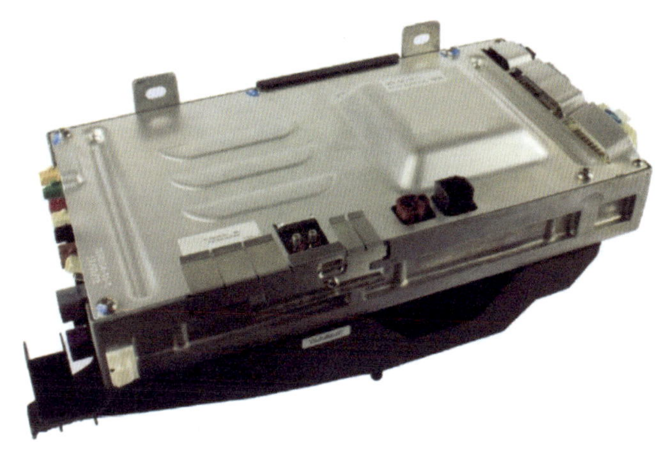

图 1-3　典型的车规级计算平台

除了车规级计算平台，另外一类计算平台为开发用计算平台，通常为高性能工控机（industrial personal computer，IPC）及相关套件。该类计算平台用于汽车开发阶段的自动驾驶算法验证、车辆性能测试等场景，如图 1-4 所示。

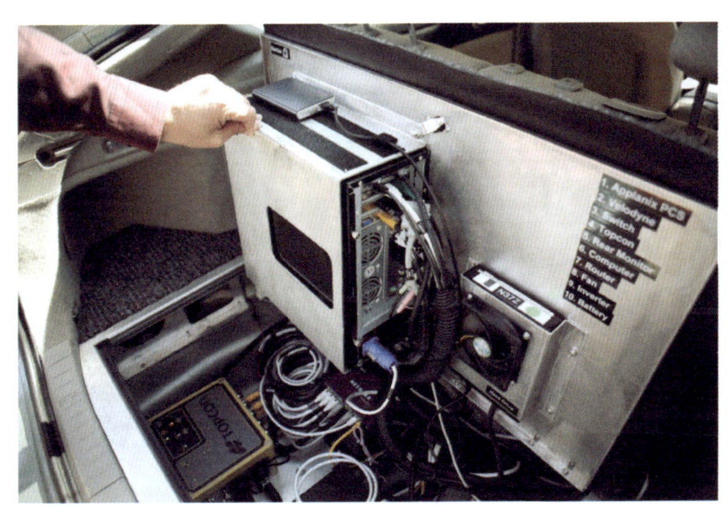

图 1-4　开发用计算平台（工控机）

（2）计算平台的基本组成

计算平台主要由软件系统和硬件系统两大部分组成，如图 1-5 所示，计算平台软件系统分为应用层、支持软件层和操作系统层；硬件系统分为硬件架构层和硬件接口层。硬件接口层与车辆平台上的传感器、无线通信模块、动力系统、底盘系统等连接。

为实现汽车的智能化与安全驾驶，计算平台在功能上要求兼具高性能和安全性。这两个需求对应到计算平台，各大车企在软件和硬件上都进行了专门的设计。

典型的自动驾驶计算平台部件的硬件架构层一般包括计算单元、人工智能（AI）单元和控制单元三类芯片处理器。计算单元与人工智能（AI）单元的功能偏重于高性能计算，控制单元用于车辆的重要安全性相关的控制。此外，计算平台部件采用严格的工业级别设计，保证电子部件在高温、驾驶颠簸等恶劣工况下能够正常运行。一些计算平台还具有专门的防尘、液冷/空冷散热设计，以保证系统能正常运行。

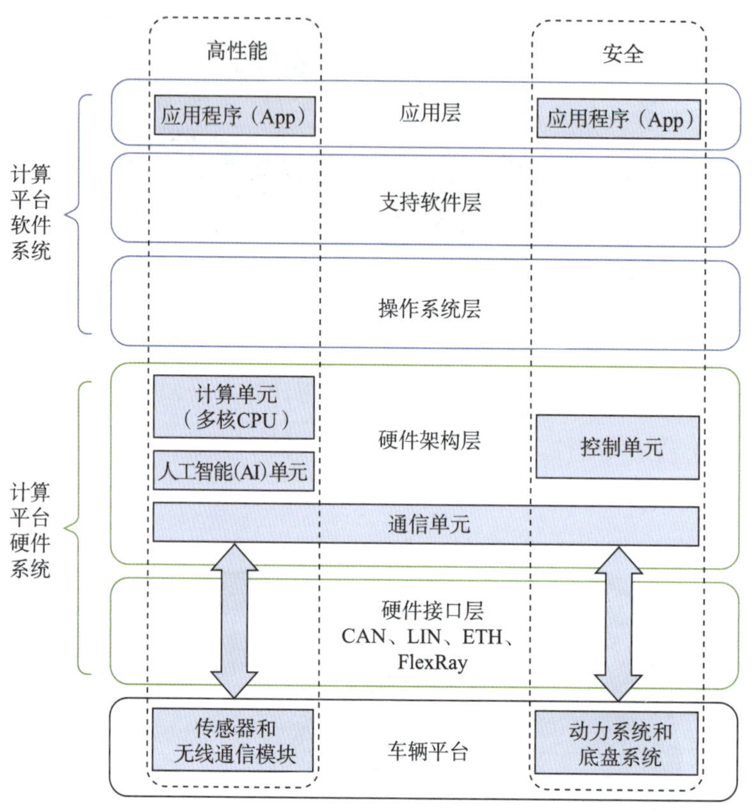

图 1-5　计算平台的基本组成

（3）计算平台的安装检查

计算平台部件一般安装在副驾驶位置的仪表板下方、前行李舱和后行李舱内部。如图 1-6 所示，自动驾驶控制单元计算平台部件安装在副驾驶位置的仪表板下方。这个位置处于座舱内部，相对前后行李舱，可隔绝外部灰尘，其工作环境不易造成电子设备损坏。

图 1-6　计算平台部件的安装位置

1）计算平台的安装及检查步骤

①根据车辆维修手册查看车辆各计算平台部件，如车身控制单元、底盘控制单元等。

②根据维修手册确定计算平台部件在车辆上的安装位置。

③断开 12 V 电源。

④进行高压断电。

⑤用工具打开车身或行李舱内相应位置的内饰盖板、罩盖等，检查计算平台部件固定螺栓是否齐全，电气插接件是否插接牢靠，线束安装走向是否合理，是否进行必要的捆扎和整理。

⑥将计算平台部件外部的内饰盖板、罩盖等安装回去。

⑦连接高压线路和 12 V 电源。

2）计算平台安装及检查的注意事项

①在进行检查时，应规范佩戴手套。在进行座舱内饰件拆装时，应按照维修手册规定使用塑料撬板缓慢拆卸，避免错误使用金属工具划伤车辆内饰以及野蛮拆卸造成盖板卡扣损坏。

②拿下内饰盖板或罩盖时，应缓慢抬起一个微小距离，查看是否有线束与盖板或罩盖连接，如果有线束连接，则需要拔下该线束插接头，断开线束与盖板或罩盖的连接。

2. 技能操作

（1）操作准备

准备技能操作所需的物料，见表 1-4。

表 1-4 物料准备

类别	所需物料
教学整车／实训平台	智能网联实训汽车
仪器、设备、工具	车辆技术手册、电路图、工具套装、塑料撬板、手套

（2）计算平台安装检查工作准备

根据车辆技术手册，查找各计算平台部件的安装位置，将工作内容记录在表 1-5 中。

表 1-5 工作记录表

序号	部件名称	功能	安装位置	备注
1				
2				
3				
4				
5				
6				

（3）计算平台安装检查

根据车辆维修手册，对计算平台进行安装检查，将工作内容记录在表 1-6 中。

表 1-6　工作记录表

序号	部件名称	检查内容	检查结果	备注
1		是否安装在维修手册标识位置	是□　否□	
		安装螺栓是否齐全	是□　否□	
		电气插接件是否插接牢靠	是□　否□	
		线束安装走向是否合理	是□　否□	
		对线束是否进行了必要的捆扎和整理	是□　否□	
2		是否安装在维修手册标识位置	是□　否□	
		安装螺栓是否齐全	是□　否□	
		电气插接件是否插接牢靠	是□　否□	
		线束安装走向是否合理	是□　否□	
		对线束是否进行了必要的捆扎和整理	是□　否□	
3		是否安装在维修手册标识位置	是□　否□	
		安装螺栓是否齐全	是□　否□	
		电气插接件是否插接牢靠	是□　否□	
		线束安装走向是否合理	是□　否□	
		对线束是否进行了必要的捆扎和整理	是□　否□	
4		是否安装在维修手册标识位置	是□　否□	
		安装螺栓是否齐全	是□　否□	
		电气插接件是否插接牢靠	是□　否□	
		线束安装走向是否合理	是□　否□	
		对线束是否进行了必要的捆扎和整理	是□　否□	

检查评估

对本任务的学习情况进行检查，并将相关内容填写在表 1-7 中。

表 1-7　检查表

检查项目	检查结果	结果点评
电子电气架构检查		
是否能准确向人解释电子电气架构的定义	是□　否□	
是否能与人合作讲解电子电气架构的发展历史	是□　否□	
是否能正确查找汽车各控制器	是□　否□	
是否能正确将控制器按域分类	是□　否□	
计算平台安装检查		
是否能讲述计算平台的结构组成	是□　否□	
是否能规范完成全部计算平台部件的检查	是□　否□	
是否能全部恢复计算平台部件罩盖或内饰盖板的安装	是□　否□	
整理及恢复		
工具、设备是否整理恢复	是□　否□	
实训工位是否打扫干净	是□　否□	
工作页是否填写完整	是□　否□	

任务小结

本任务小结如图 1-7 所示。

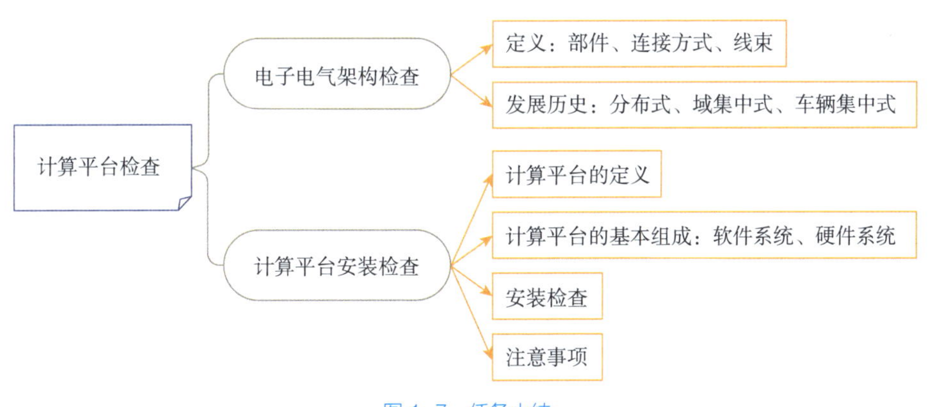

图 1-7　任务小结

任务二
计算平台硬件准备

任务导入

场景：某国产自主品牌汽车试制车间。

人物：装调技师王师傅、实习技师小宋。

情境：在初步了解了计算平台后，王师傅安排小宋进行计算平台硬件安装准备工作。小宋看着从库房领取的样件所附带的产品参数表，发现车规级计算平台原来这么复杂。王师傅鼓励小宋进一步深入学习和探索计算平台部件内部组成，这样就可以完全熟悉各种参数的含义了。你是不是也想和小宋一起开始挑战呢？

任务目标

▸能根据计算平台产品手册，正确理解计算平台产品参数的含义，并规范地进行参数检查和记录。

▸能根据计算平台产品手册与车辆试制装调规范，正确使用工具，独立规范地完成计算平台安装前的部件检查。

任务实施

一、计算平台硬件参数记录

1. 知识学习

（1）计算平台硬件架构

智能网联汽车计算平台采用异构分布式架构，具备异构与分布式两个特性。

1）异构

异构是指计算平台部件所采用的异构计算机芯片硬件方案。采用异构计算机芯片硬件方案的主要原因是，面向 L3 及以上等级自动驾驶车辆，车辆计算平台需兼容多种类型的多个传感器，并需具备高安全性和高性能，而传统汽车原有的单一芯片无法满足诸多接口和算力的要求。目前的计算平台如奥迪 zFAS、特斯拉 FSD、英伟达 Xavier 等硬件主要由计算单元、人工智能（AI）单元和控制单元三部分组成，每个单元完成各自所定位的功能。

异构计算机芯片硬件方案有以下两种形式：

①单板卡集成多种不同芯片架构的计算机芯片，例如，奥迪汽车的 Audi zFAS 自动驾驶计算平台中央处理器（CPU）、作为控制单元的微控制器和现场可编程逻辑门阵列（FPGA）。

②在功能强大的单芯片（系统级芯片）上同时集成多个具有不同芯片架构的单元，如英伟达 Xavier 集成了图形处理器（GPU）和 CPU 两个异构单元。

2）分布式

智能网联汽车的电子电气架构由众多单功能芯片逐渐集中为各个域控制器，L3 及以上等级自动驾驶功能要求计算平台具备系统冗余、平滑扩展的特点。在实现方式上，分布式硬件方案通过多板卡实现系统的解耦和备份，以满足系统冗余相关要求，即车辆同时有两套及以上计算处理系统，当一个系统出现故障时，车辆可以利用另外一套系统继续行驶；用多板卡分布扩展的方式满足自动驾驶 L3 及以上等级的算力和接口要求。

在异构和分布式这两个特征之外，智能网联计算平台还具备弹性扩展特性。针对 L3 及以上等级自动驾驶汽车，随着自动驾驶等级提升，计算平台的算力、接口等需求都会增加。开发人员除了提高单芯片算力外，更加简便和快速的方式是对硬件单元进行复制堆叠。整体系统在同一个自动驾驶操作系统的统一管理适配下，协同实现自动驾驶功能，通过变更硬件驱动、通信服务等进行不同芯片的适配，平滑拓展硬件单元，达到整体系统提升算力、增加接口、完善功能的目的。

（2）计算单元

计算平台中的计算单元主要用于安装车用操作系统，完成任务调度，执行自动驾驶相关算法等任务。常用的计算单元由若干个多核中央处理器（CPU）组成，单个 CPU 芯片中封装多个处理器核心，每个核心都有较大的缓存以及众多逻辑和数字运算单元，因此，CPU 具有良好的通用性以及运算管理能力和调度能力。

芯片的架构是指芯片内部电路的设计和组织方式。车规级 CPU 采用的底层架构一般有 ARM 架构和 x86 架构两种不同芯片架构。

1）ARM 架构

ARM（advanced RISC machine）架构的中文名称为进阶精简指令集机器，是一个 32 位精简指令集（RISC）处理器架构。

ARM架构具有低成本、高性能、低功耗、可购买授权、可进行适应性定制等优点。其在节能方面的优异表现使ARM架构广泛应用于移动通信设备、服务器和各种嵌入式设备中，例如，绝大多数智能手机的芯片都采用ARM架构，此外，超级计算机也大多使用ARM架构的处理器。随着计算平台功能的丰富，近年来ARM在智能网联汽车中也有广泛应用。

2）x86架构

x86架构泛指一系列基于Intel 8086且向后兼容的中央处理器指令集架构，由于这一系列处理器在1978年推出后以尾号为86的数字来命名，如Intel 8086、Intel 80186、Intel 80486等，所以架构名称被称为x86。x86架构芯片广泛应用于PC台式机和笔记本计算机上。

ARM架构与x86架构可以在计算性能、功耗、扩展能力、操作系统的兼容性、软件开发便利性这五个方面进行对比，见表2-1。

表2-1 ARM架构与x86架构对比

对比项	ARM架构	x86架构
计算性能	计算能力较弱，但是有较高的计算效率，在完成综合性计算任务方面表现较差，但是在特定场合完成单一任务方面表现优异	在计算速度和计算能力上远超ARM；芯片生产工艺先进，采用更小的芯片制程
功耗	能耗极低、散热量小	能耗高、散热量大
扩展能力	扩展性较差，所配装计算设备通过专用的数据接口使CPU与数据存储设备连接，所以ARM的存储、内存等在产品设计时已确定，后期难以扩展。采用ARM结构的系统一般不考虑扩展，基本奉行“够用就好”的原则	扩展性好，所配装计算设备采用“桥”的方式与扩展设备（如硬盘、内存等）连接，其配套扩展的设备种类多、价格便宜、性能易扩展，如增加内存、硬盘等
操作系统的兼容性	ARM系统之前多数采用Linux操作系统，而且不同硬件系统都要单独构建操作系统，且系统无法兼容，因此，相应的应用软件也无法移植。在谷歌（Google）公司开发了开放式的Android系统后，统一了ARM结构计算机的操作系统，使新推出基于ARM结构的计算机系统有了统一、开放、免费的操作系统，为ARM的发展提供了强大的支持和动力	x86系统及其所安装的微软公司的Windows视窗操作系统一直是绝大多数个人计算机的标准配置，其在硬件和软件开发方面已经形成统一的标准，几乎所有x86硬件平台都可以直接使用微软的视窗系统及现在流行的几乎所有工具软件，所以x86系统在兼容性方面具有无可比拟的优势
软件开发便利性	编程工具和第三方开发软件较少，ARM的编程语言大多采用C和Java	用户的应用、软件配套、软件开发工具的配套及兼容性等非常成熟和完备；绝大多数编程工具可用于开发x86相关程序，且开发成本低，程序一致性好

（3）人工智能（AI）单元

计算平台的人工智能（AI）单元主要负责各个环境感知传感器，如前视摄像头等的数据处理任务。各种传感器的数据类型不同，在车辆运行过程的每一秒钟都会产生巨量的各类数据，需要在自动驾驶计算平台内部进行数据处理并且进行数据融合。因此，在 ADAS 和自动驾驶功能下，人工智能单元是需要最大运算能力的部件。在技术上，人工智能单元一般采用并行计算等方式提高计算效率，在成本、功耗和性能等多方因素中获取平衡点，因此，人工智能单元是自动驾驶大规模普及的关键技术点。

人工智能单元采用并行计算架构 AI 芯片，一般使用“多核 CPU+AI 芯片”的技术方案。

现有计算平台的人工智能芯片具有以 GPU、FPGA、ASIC（专用集成电路）等为核心支持 AI 芯片的多种技术方案。

1）GPU

GPU 是一种具有同时处理大量简单计算任务的特殊的专用电子电路，是自动驾驶 AI 任务中所使用的主流芯片。在智能网联汽车计算平台中，车辆前方物体视觉识别、自动驾驶决策等任务大量依赖人工智能机器学习等算法应用，GPU 的电路设计专门用于快速操纵和更改内存，以加快在帧缓冲区中创建图像的速度并将图像输出到显示设备上，其运算核心数量可达上百个，每个核拥有的缓存空间相对小，数字逻辑运算单元也少且简单，可并行进行大量计算，因此，GPU 在人工智能机器学习等自动驾驶感知算法上有很高的运行效率。

2）FPGA

FPGA 的中文名称为现场可编程逻辑门阵列，是一种高性能、低功耗的可编程芯片。FPGA 是半定制的一种专用集成电路，用户可以通过烧录 FPGA 配置文件来自定义芯片内部的电路连接，以实现特定功能，且这种烧录是可擦写的，用户完全可以根据产品需求进行任意化功能配置。这种可编程逻辑器件凭借性能、开发时间、成本、稳定性和长期维护方面的优势，在通信等多个领域中被广泛应用。

相较于 GPU 和 CPU，FPGA 的主要优势在于不需要基于指令执行，也不存在共享内存的瓶颈，因此，可以支持全并行的计算及数据流，同时提供较低处理时延。此外，FPGA 的硬件配置灵活、能耗低，且可编程也是其显著特点。FPGA 的缺点是产品本身迭代速度比较慢，当车辆驾驶系统对芯片的门阵列和内存的需求较大时，FPGA 的成本较高。

主流 FPGA 平台正逐步扩展为集成 ARM 处理器和 FPGA 可编程逻辑的系统级芯片（system-on-a-chip，SoC）平台。这类芯片可以满足自动驾驶对于芯片计算能力、实时性、异构架构的需求。图 2-1 所示为一款典型的基于 FPGA 的异构计算平台，该平台在可编程逻辑部分基础上增加了人工智能引擎（AI engine）等计算单元，非常适合神经网络等人工智能计算的实现，是典型的适用于自动驾驶的高性能异构计算平台。

3）ASIC

ASIC（application specific integrated circuit）的中文名称为专用集成电路，是为特定需求而专门定制的芯片。ASIC 设计制造完成后，其内部的电路和算法就会固定下来，无法再被改变。ASIC 的优势在于体积小、功耗低、计算性能好和计算效率高、大规模制造成本低，以及基于 ASIC 的计算机视觉识别算法的功耗极低。

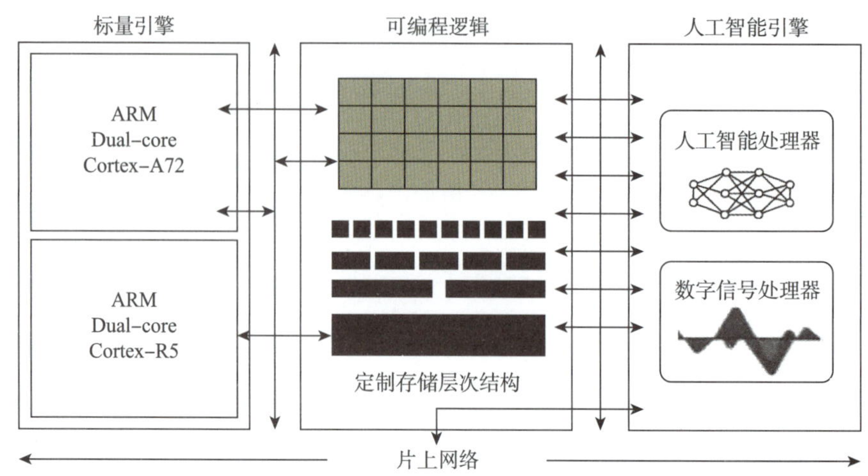

图 2-1　典型的基于 FPGA 的异构计算平台

（4）控制单元

控制单元由多个 ECU 和 DCU（域控制器）构成。ECU 是汽车电子系统中的专用嵌入式控制器，传统上被称为“行车电脑”。在汽车电子技术发展初期，ECU 通常仅负责单一功能的相关计算，以保证系统的稳定性。域控制器利用性能更强的多核 CPU/GPU 芯片去控制单个域中的电子部件。

在自动驾驶汽车中，原有的以 ECU 为组成单位的计算架构已经无法适应需求，但是 ECU 等组成的控制单元以其极高的可靠性，使其在与安全高度相关的任务中无法被取代。

（5）计算平台系统的组成

整个车辆的计算平台各部件典型的基本组合方式可简化表示为图 2-2 所示，激光雷达、毫米波雷达、摄像头、高精度导航传感器（IMU）/ 全球定位系统（GPS）、CAN 总线都接入一个传感器信号处理装置（传感器盒），融合后的传感器数据被传输到计算单元进行处理。各域控制器如车身域控制器、车载娱乐域控制器、动力总成域控制器、自动驾驶域控制器等彼此之间相互独立工作。传感器信号处理装置采用两个现场可编程逻辑门阵列（FPGA）半定制专用集成电路，车辆的计算单元中集成有 CPU、GPU 与 FPGA。

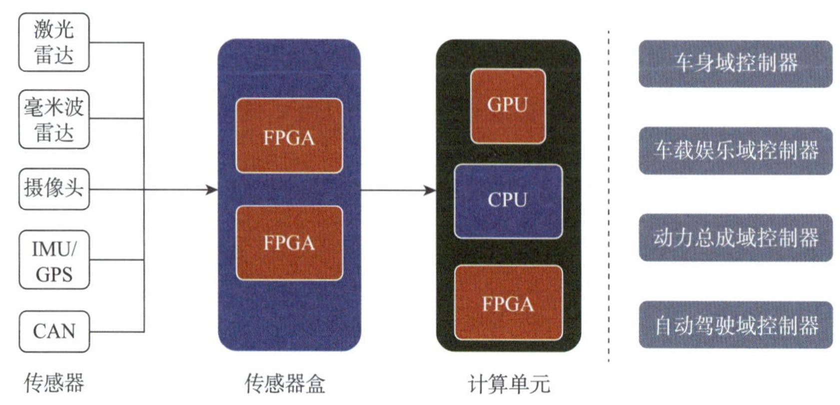

图 2-2　计算平台系统的组成

2. 技能操作

（1）操作准备

准备技能操作所需的物料，见表 2–2。

表 2–2　物料准备

类别	所需物料
教学整车 / 实训平台	智能网联实训汽车
仪器、设备、工具	车辆技术手册、计算平台产品手册

（2）计算平台系统图绘制

根据车辆技术手册，绘制各计算部件的连接简图，为装调做好准备，将工作内容记录在表 2–3 中。

表 2–3　工作记录表

（3）计算平台整体参数检查

根据车辆技术手册，核对并记录计划安装的计算平台部件，将工作内容记录在表 2–4 中。

表 2–4　工作记录表

序号	类别	部件名称	检查内容	备注
1	计算单元		型号： 零部件号： 芯片类型：	
			型号： 零部件号： 芯片类型：	

续表

序号	类别	部件名称	检查内容	备注
2	人工智能（AI）单元		型号： 零部件号： 芯片类型：	
			型号： 零部件号： 芯片类型：	
3	控制单元		型号： 零部件号： 芯片类型：	
			型号： 零部件号： 芯片类型：	
			型号： 零部件号： 芯片类型：	
			型号： 零部件号： 芯片类型：	

二、计算平台部件检查

1. 知识学习

（1）典型计算平台产品

量产智能网联汽车上的自动驾驶计算平台包含多种类型的计算部件，目前已发展为非常复杂的系统。各计算平台具有不同的设计思路和特性，在完成自动驾驶任务方面各有所长。目前较为成熟的计算平台产品主要有特斯拉 FSD、英伟达 Drive PX 和奥迪 zFAS 等。

1）特斯拉 FSD

特斯拉公司于 2019 年推出的完全无人驾驶系统（full self-driving，FSD）是一款 FPGA 芯片，采用 14 nm 工艺制造，核心面积为 260 mm^2，集成了 60 亿个晶体管和 2.5 亿个逻辑门，内部有多达 12 个 ARM CPU 核心，主频为 2.2 GHz，GPU 参数频率为 1 GHz，它支持浮点运算。此外，还有专门独立的安全模块，只运行加密软件。

特斯拉 FSD 自动驾驶主板如图 2-3 所示，主板集成两个特斯拉 FSD 芯片，执行双神经网络处理器冗余模式，两个处理器相互独立，以保证图像处理的安全性和准确性。特斯拉 FSD 实际上只允许一个处理器工作，另一个处理器是为了处理冗余和相互对照处理结果。

在 FSD 封装里有负责图形处理的 GPU、负责深度学习和预测的神经处理单元 NPU、负责通用数据处理的中央处理器 CPU 三种不同的处理单元。

图 2-3 特斯拉 FSD 自动驾驶主板

FSD 芯片内置了主频为 1 GHz 的 GPU，拥有 600 TOPS 的运算能力，主要负责视觉识别等功能的后处理任务，如描绘界面和图形，在这款计算平台部件 FSD 芯片上，CPU 仅为协处理器而不是主处理器。

2）英伟达 Drive PX

英伟达 Drive PX 搭载了两个独立的 GPU，可为完全自动驾驶汽车提供强大的计算能力，大幅降低了能耗和成本。此外，该系统级芯片内置 6 种处理器：ISP（图像信号处理器）、VPU（视频处理单元）、PVA（可编程视觉加速器）、DLA（深度学习加速器）、GPU 和 CPU，每秒可进行近 40 万亿次运算，仅深度学习就高达 30 万亿次。英伟达 Drive PX 主板如图 2-4 所示。

图 2-4 英伟达 Drive PX 主板

3）奥迪 zFAS

奥迪 zFAS 自动驾驶计算平台有 4 个核心元件，包括一个视觉处理芯片，负责交通信号识别、行人检测、碰撞报警、光线探测和车道线识别；一个芯片负责驾驶人状态检测和 360° 全景检测；一个芯片负责目标识别融合、地图融合、自动泊车、预制动、激光雷达传感器数据处理；一个芯片负责监测系统运行状态与车辆矩阵前照灯控制。

以专门负责驾驶人状态检测和360° 全景检测的芯片为例，该芯片包含GPU和四核ARM CPU。GPU可像PC平台一样，用通用计算能力来执行各种多样化的任务或者实现丰富的功能，如车辆自动驾驶、驾驶人辅助系统所需要的图像比等。奥迪zFAS主板如图2-5所示。

图2-5 奥迪zFAS主板

（2）自动驾驶计算平台检查工作内容

自动驾驶计算平台的检查主要分为外部检查和内部检查两部分。

外部检查包括对部件的外观检查、零件号检查、产品型号检查、插接口检查，通过以上检查确定待安装的部件与设计图样中的部件信息一致。

内部检查主要包括通过产品技术资料，对自动驾驶计算平台主板芯片数量、类型与用途的规范记录等，为安装后续的装调进行工作准备。

2. 技能操作

（1）操作准备

准备技能操作所需的物料，见表2-5。

表2-5 物料准备

类别	所需物料
教学整车／实训平台	智能网联实训汽车
仪器、设备、工具	计算平台产品手册、车辆试制装调规范

（2）自动驾驶计算平台检查

根据车辆技术手册，核对计划安装的自动驾驶计算平台，将工作内容记录在表2-6中。

表 2-6　工作记录表

序号	项目	内容	备注
1	产品型号		
2	零件号		
3	外观检查	是否完好　是□　否□	
4	插接口检查	是否完好　是□　否□	
5	主板芯片数量		
6	主板芯片 1	类型： 用途：	
7	主板芯片 2	类型： 用途：	
8	主板芯片 3	类型： 用途：	
9	主板芯片 4	类型： 用途：	

检查评估

对本任务的学习情况进行检查，并将相关内容填写在表 2–7 中。

表 2–7　检查表

检查项目	检查结果	结果点评
计算平台硬件参数记录		
是否能准确向人解释异构分布式硬件架构	是□　否□	
是否能正确绘制计算平台系统图	是□　否□	
是否能正确记录计算部件参数	是□　否□	
计算平台部件检查		
是否能正确完成部件外观检查	是□　否□	
是否能规范完成系统插接口检查	是□　否□	
是否能正确记录部件各芯片的用途	是□　否□	
整理及恢复		
工具、设备是否整理恢复	是□　否□	
实训工位是否打扫干净	是□　否□	
工作页是否填写完整	是□　否□	

任务小结

本任务小结如图 2-6 所示。

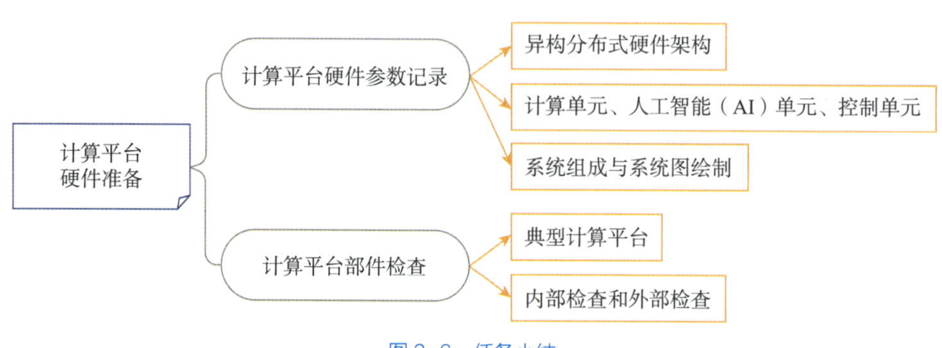

图 2-6　任务小结

任务三
计算平台工控机安装

任务导入

场景：某国产自主品牌汽车试制车间。

人物：装调技师周师傅、实习技师小李。

情境：试制车间周师傅的小组接到任务，为了验证新开发的自动驾驶系统，需要在一台改装样车上安装工控机。周师傅向小李解释说："工控机是整车开发阶段常用的计算平台部件，与车规级部件有很多不同之处，因此，在工作中要注意把握安装要点。"周师傅安排小李先从了解工控机入手，请与小李一起开始工作吧。

任务目标

- 能根据车辆装调规范和工控机技术手册，与他人合作，规范地完成工控机的安装。
- 能根据车辆装调规范和工控机技术手册，独立、规范地完成工控机各项技术参数的记录。

任务实施

一、硬件安装

1. 知识学习

（1）工控机的定义与分类

工控机（IPC）全称为工业控制计算机，又称工业 PC，是专门用于工业生产和工业服务场景的计算机，如图 3-1 所示，用于对机器设备、生产流程、数据参数等进行监测与控制，在产品加工制造、机电设备控制、快递自动分拣等场景中所使用的计算机均为工控机。在智能网联汽车中，在车辆开发测试阶段以及某些具有特殊用途的车辆装备上通常使用工控机作为车辆计算与控制系统部件。

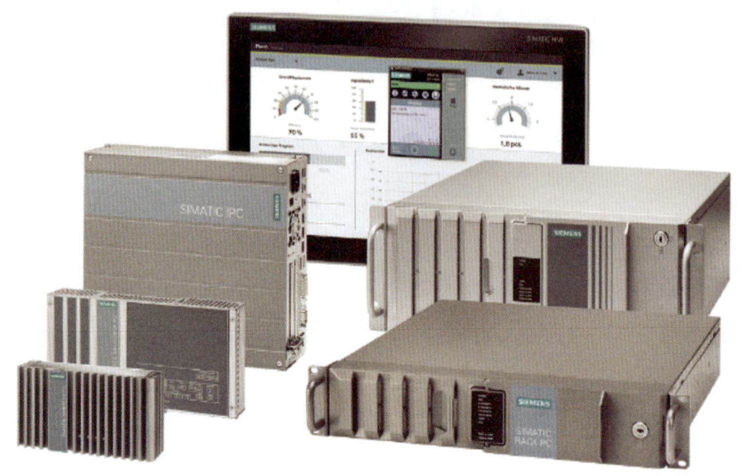

图 3-1　工控机

从广义上讲，工控机分为通用型工控机与专用型工控机两大类。通用型工控机的基本构造与个人计算机相同，但是根据工业用途进行了各方面的特别设计。专用型工控机包括可编程序控制系统和数控系统等，一般安装在数控加工设备和控制设备上。

（2）工控机的特点

工控机与普通计算机主机的外观对比如图 3-2 所示。工控机与普通计算机相比，其在可靠性、实时性、扩展性方面都有专门的设计。

a）

b）

图 3-2　工控机和普通计算机主机

a）工控机　b）普通计算机主机

1）可靠性

工控机运行在比较恶劣的工业环境下，且对数据的安全性要求很高，具有加固、防尘、防潮、防腐蚀、防辐射、强散热等特殊设计。

工控机具有快速诊断和高可维护性的特点。工控机的平均无故障时间（mean time to failures，MTTF）一般在 10 万小时以上，而普通计算机的 MTTF 仅为 10 000~15 000 小时。

工控机一般设有“看门狗”定时器，当系统因故障死机时，无须人为干预即可自动复位运行。

2）实时性

工控机对工业过程进行实时在线检测与控制，对工作状况的变化进行快速响应，及时进行数据采集和输出调节。

3）扩展性

工控机具有很强的输入输出功能，接口非常丰富，能与工业现场的各种外设、板卡、视频监控系统、车辆检测仪等相连，以完成各种任务。

（3）工控机的安装

1）试验车的安装

工控机在智能网联汽车测试阶段一般被安装在车辆后排座位或者行李舱中，主要考虑的因素是后排或者行李舱空间宽敞，设备的安装部署容易操作，同时布线不会对驾驶员空间造成影响。如图 3–3 所示，工控机被安装布置在两厢自动驾驶试验车行李舱内。

图 3–3　在自动驾驶试验车上工控机的安装位置示例

工控机安装在车内时，应通过支架与车身结构件进行良好地固定，放置设备应避免因车辆颠簸晃动造成接线脱落。接线走向应合理，电气接头和数据线接头应插接牢固。

2）无人驾驶小车的安装

工控机用于无人驾驶小车时，一般安装在车辆前部仪表板内部或仪表板上方，如图 3–4 所示。

图 3-4　在无人驾驶小车上工控机的安装位置示例

2. 技能操作

（1）操作准备

准备技能操作所需的物料，见表 3-1。

表 3-1　物料准备

类别	所需物料
教学整车 / 实训平台	智能网联实训汽车或智能驾驶小车
仪器、设备、工具	车辆装调规范、工控机技术手册

（2）工控机安装位置确认

根据车辆技术手册，确认工控机的安装位置，将工作内容记录在表 3-2 中。

表 3-2　工作记录表

序号	项目	内容	备注
1	型号		
2	零件号		
3	外观检查	是否完好　是□　否□	
4	插接口检查	是否完好　是□　否□	
5	样车类型	智能网联自动驾驶试验车□ 智能网联无人驾驶小车□	
6	安装位置		
7	固定方式		

情境一

二、参数记录

1. 知识学习

（1）工控机部件

工控机通常在 CPU、硬盘、内存、外设及接口等部件上与普通计算机通用，其机箱、主板、电源、CPU 卡作为工控机组成部件，一般与普通计算机差别较大。

根据散热方式的不同，工控机可分为传统工控机与无风扇工控机两种类型。不同类型工控机的部件有相应的设计。

1）传统工控机部件

传统工控机采用风冷散热，内部有光驱位、硬盘、电源和主板等，其中主板上有 CPU、风扇、内存、扩展插槽等部件。典型的传统工控机内部构造如图 3-5 所示。

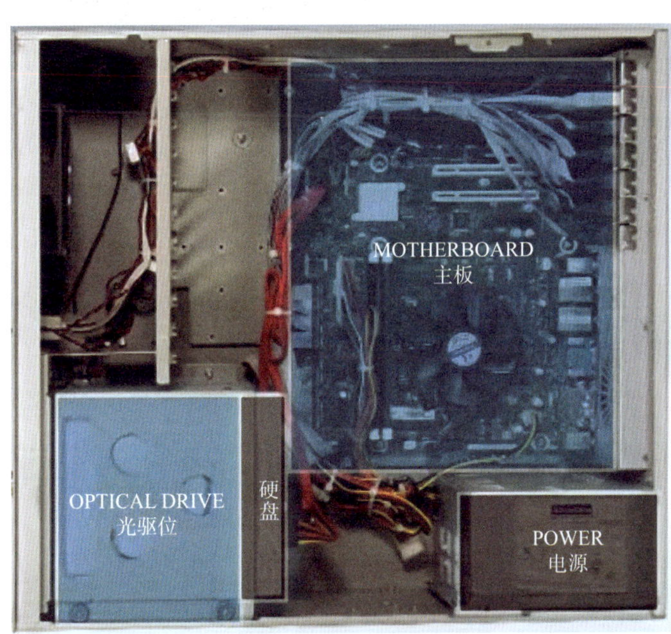

图 3-5　传统工控机内部构造

传统工控机部件具有以下特点：

①使用符合美国汽车工业协会（EIA）标准的全钢化工业机箱，一般为标准冷轧板机箱，具有抗电磁干扰能力。

②采用总线结构和模块化设计技术，CPU 和各功能模块使用插板式结构，并带有压杆软锁定，能提高整体抗冲击、抗振动能力。

③机箱内一般装有一到两个风扇，进行正压排风，并装有滤尘网，以起到防尘作用。

④电源为高度可靠的工业电源，具有过压、过流保护。一般为 AT 开关电源，平均无故障时间很长。

⑤电源及键盘具有电子锁开关，可防止非法开关机和通过键盘操控系统。

2）无风扇工控机部件

无风扇工控机内部构造如图 3-6 所示。

图 3-6　无风扇工控机内部构造

无风扇工控机部件具有以下特点：

机箱通常采用符合 EIA 标准的封闭式铝合金机箱，为了保证工控机的正常运行及良好散热，通过特殊导热材质将热源引至整个机箱。封闭式机箱也可起到防尘的作用，可有效保护内部配件。封闭式机箱还具有增强抗电磁干扰的能力。其机箱内无风扇，采用被动式散热方式，极大地减少了系统的维护需求，能延长工控机使用寿命。

主板采用先进的嵌入式技术，将低功耗 CPU 嵌入主板，同时将外设接口集成在主板上，避免了因为振动造成器件松动的隐患。

供电方面采用 +5 V 或 +12 V 直流供电方式，同时配有交流适配器，使现场电源供电方式更为丰富，供电更为可靠，目前与 PC 机一样主要采用的是 ATX 电源。

无风扇工控机一般只需利用外接插口连接硬盘及内存即可使用，缩短了装机时间。

（2）工控机的主要参数

工控机的产品规格参数与普通计算机主机相似，主要分为物理特性参数、质量与尺寸参数、电源参数、环境参数四个类别。

1）物理特性参数

物理特性参数主要有冷却系统类型、CPU 参数、显卡参数、内存参数、存储参数、网络参数、IO 端口类型和数量、扩展接口类型和数量、主机材质、操作系统类型及参数、CAN 卡参数等。

2）质量与尺寸参数

质量参数主要是指整机质量。尺寸参数主要是指设备的外观尺寸，如长、宽、高参数。

3）电源参数

电源参数是指输入电压与功耗。

4）环境参数

环境参数主要是指工作温度、存储温度、相对温度、振动性能参数和冲击性能参数。

2. 技能操作

（1）操作准备

准备技能操作所需的物料，见表 3-3。

表 3-3　物料准备

类别	所需物料
教学整车 / 实训平台	智能网联实训汽车或智能驾驶小车
仪器、设备、工具	车辆装调规范、工控机技术手册

（2）工控机参数检查

根据工控机技术手册，在表 3-4 中记录工控机参数。

表 3-4　工作记录表

序号	项目	参数值	备注
1	冷却系统类型		
2	CPU 参数		
3	显卡参数		
4	内存参数		
5	存储参数		
6	网络参数		
7	IO 端口类型和数量		
8	扩展接口类型和数量		
9	主机材质		
10	操作系统类型及参数		
11	CAN 卡参数		
12	质量		
13	外观尺寸		
14	输入电压		
15	功耗		
16	工作温度		
17	存储温度		
18	相对温度		
19	振动性能参数		
20	冲击性能参数		

检查评估

对本任务的学习情况进行检查，并将相关内容填写在表 3-5 中。

表 3-5　检查表

检查项目	检查结果	结果点评
工控机安装位置的确认		
是否能准确向人解释工控机的定义	是□　否□	
是否能正确确认试验车辆上工控机的位置	是□　否□	
是否能正确确认无人驾驶小车上工控机的位置	是□　否□	
工控机参数检查		
是否能正确向人描述工控机的主要组成部件	是□　否□	
是否能规范填写工控机物理特性参数表	是□　否□	
是否能规范填写工控机环境参数表	是□　否□	
整理及恢复		
工具、设备是否整理恢复	是□　否□	
实训工位是否打扫干净	是□　否□	
工作页是否填写完整	是□　否□	

任务小结

本任务小结如图 3-7 所示。

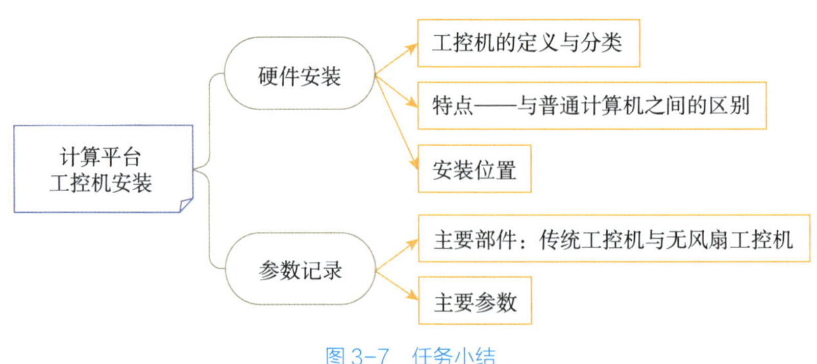

图 3-7　任务小结

情境二 计算平台软件部署与测试

情境介绍

随着汽车电子架构的革新，汽车硬件体系将逐渐趋于一致，为了体现产品的差异化，软件和由软件所驱动的服务将逐渐成为车企竞争的核心要素之一，即所谓软件定义汽车（software defined vehicles，SDV）。软件定义汽车意味着软件产品及相关的工作内容将深度渗透到汽车产品策划、开发、验证、销售、服务等流程中，并且不断驱动和优化各个环节的演进，实现体验持续优化、过程持续优化、价值持续创造。计算平台的软件系统一方面驱动底盘硬件进行高可靠性、高安全性的线控行驶，另一方面搭载各类应用软件与算法，不断给用户带来超预期的使用体验，并建立通过软件持续收费的新商业模式。

本情境包含计算平台软件系统认知、操作系统安装准备、操作系统安装与测试、中间件 ROS 安装、中间件 ROS 配置与测试五个任务，包括计算平台系统软件与功能软件认知、平台配置检查、操作系统安装与测试、中间件 ROS 安装、中间件通信测试与仿真测试等内容。

情境目标

▸ 能根据计算平台技术手册，对计算平台操作系统的系统软件与功能软件进行讲解。

▸ 能根据操作系统手册与计算平台技术手册，规范地完成平台配置检查与预备安装系统软件下载。

▸ 能根据操作系统手册与计算平台技术手册，规范地完成 Linux 系统的安装与测试。

▸ 能根据操作系统手册与计算平台技术手册，规范地完成 ROS 系统的安装。

▸ 能根据操作系统手册与计算平台技术手册，规范地完成中间件 ROS 系统的配置与测试。

任务四
计算平台软件系统认知

任务导入

场景：某国产自主品牌汽车试制车间。

人物：装调技师刘师傅、实习技师小张。

情境：试制车间刘师傅接到试制任务，将带领小张在已经完成硬件安装的样车上进行软件部署。小张听说智能网联汽车的软件系统十分重要，那么计算平台上的软件与手机和计算机上的软件有哪些不同之处呢？小张带着这个疑问开始了工作，请和小张一起学习吧。

任务目标

- 能根据计算平台技术手册，描述计算平台操作系统的系统软件的功能与特点。
- 能根据计算平台技术手册，描述计算平台操作系统的功能软件的定义与用途。

任务实施

一、系统软件的认知

1. 知识学习

（1）计算平台操作系统的定义与组成

计算平台操作系统是驱动与调动自动驾驶汽车的各种硬件传感器（如激光雷达、摄像机、毫米波雷达等），引导系统内置的高级人工智能计算子系统支持自动驾驶汽车的基础功能和高级功能，并对接收到的数据信息进行实时、可靠反馈的车载计算平台系统软件。操作系统是计算平台的基础框架软件，是车辆自动驾驶系统能够实时、准确、安全、高效运行的基础与核心。操作系统在架构上位于硬件系统之上，同时支撑各个应用软件运行。

计算平台操作系统主要包括系统软件和功能软件两部分。

1）系统软件用于控制和协调车载智能计算基础平台与外部硬件传感器设备，支持复杂嵌入式系统开发和运行。

2）功能软件是根据自动驾驶的核心共性需求，实现智能网联功能的共性软件模块，如自动驾驶通用框架、网联、云控等。

在开发阶段，一般使用 Linux 系统作为计算平台的操作系统，相应的硬件选用工控机，对开发中的各个 ADAS、自动驾驶算法进行试验和验证。

（2）系统软件

系统软件专门用于汽车场景的复杂、大规模嵌入式系统运行环境。

系统软件通常包含异构分布系统的内核系统、虚拟机监视器（hypervisor）、数据分发服务（data distribution service，DDS）系统等。

1）内核系统

智能网联汽车计算平台的自动驾驶系统是典型的实时操作系统。实时操作系统（real-time operating system，RTOS）是指能够在指定或者确定的时间内完成系统功能，在外部或内部、同步或异步时间做出响应的系统。因此，实时操作系统应该有在事先定义的时间范围内识别和处理离散事件的能力，且系统能够处理和存储控制系统所需要的大量数据。

实时操作系统与批处理操作系统、分时操作系统、网络操作系统等其他类型的操作系统相比，其最大的特色就是“实时性”，如果需要执行一个任务，实时操作系统会马上（或在较短时间内）执行该任务，不会有较长的延时。这种特性保证了各个任务能及时执行。实时操作系统中都要包含一个实时任务调度器，这个任务调度器与其他操作系统的最大不同之处是强调严格按照优先级来分配 CPU 时间。

智能网联汽车计算平台常用的内核系统主要有 QNX、Linux、Android 和 WinCE。

① QNX 是一个分布式、嵌入式且可规模扩展的实时操作系统，主要提供进程调度、进程间通信、底层网络通信和中断处理等服务。QNX 建立在微内核和完全地址空间保护基础之上，其安全可靠性能可达到汽车安全完整性等级（automotive safety integration level，ASIL）中最高等级 D 的需求。

② Linux 主要包括 CPU 进程管理、文件系统管理、设备管理、驱动、网络通信以及系统初始化和系统调用等模块，其主要特性包括可移植、动态内核、开源灵活，广泛支持芯片和硬件环境及应用层程序。

③ Android 是基于 Linux 架构开发的系统，其优点是该系统为开源系统，易于各车企以此为基础进行自主研发，各移动终端应用生态丰富；其缺点是系统对于自动驾驶的安全性和稳定性要求满足性较差。

④ WinCE 是微软发布的多任务嵌入式系统，具有多任务抢占和硬实时的特点。该系统由于开发者数量较少，目前正逐渐退出市场。

各大车企开发的操作系统都是在以上内核系统的基础上进行二次开发而成的。

2）虚拟机监视器

虚拟机监视器的英文名称为 hypervisor，或被称为 VMM（virtual machine monitor），用于协调管理并虚拟化内存、CPU 和外围设备等硬件资源。虚拟机监视器可允许多个操作系统和应用共享硬件并将其提供给运行在虚拟机监视器之上的多个内核系统。如图 4-1 所示，一个计算机上运行着一个虚拟机监视器，虚拟机监视器上又运行着一个或多个虚拟机，该类虚拟机一般被称为 virtual machine（VM）。虚拟机监视器为虚拟机营造了一个虚拟操作系统，并且对系统运行进行管理。多个不同的操作系统能够共享虚拟化的硬件资源。以个人计算机为例，Linux、Windows、macOS 实例能够在一个单独的物理 x86 机器上运行。

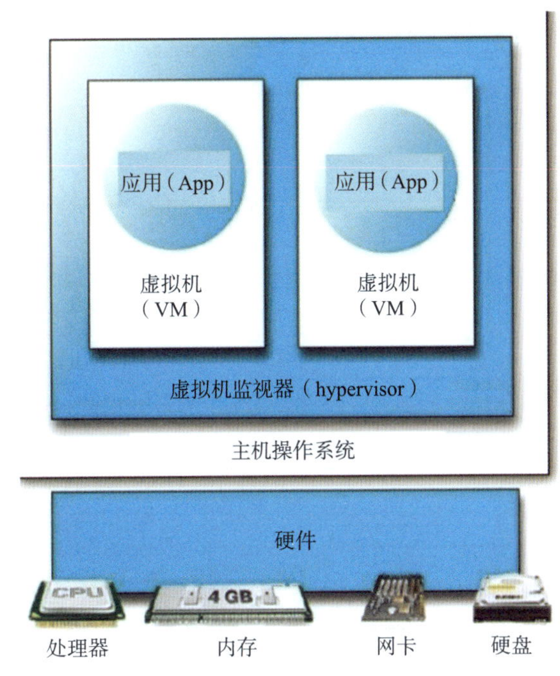

图 4-1　虚拟机监视器运行示意图

在智能网联汽车计算平台上，虚拟机监视器可以实现将不同的操作系统运行在同一个主控芯片上，成为跨平台应用和提高硬件利用率的重要途径。在智能座舱系统中，虚拟机监视器也有普遍应用。

3）数据分发服务系统

自动驾驶操作系统需要建立跨多内核、多 CPU、多板的数据分发服务机制。数据分发服务（DDS）系统作为分布式实时通信中间件，采用发布 / 订阅体系架构，面向实时系统进行数据分发服务。通过 DDS 系统车内模块间的通信，可简单地发布数据、控制进程并订阅到所需的数据。

2. 技能操作

（1）操作准备

准备技能操作所需的物料，见表 4-1。

表 4-1 物料准备

类别	所需物料
教学整车 / 实训平台	智能网联实训汽车或智能驾驶小车
仪器、设备、工具	计算平台技术手册

（2）自动驾驶操作系统讲解

参考计算平台技术手册，运用本任务所学知识，向人讲解自动驾驶操作系统，将工作内容记录在表 4–2 中。

表 4-2 工作记录表

序号	项目	内容	备注
1	自动驾驶操作系统的定义		
2	自动驾驶操作系统的组成		
3	系统软件的概念		
4	主要内核系统		
5	各内核系统的特点		
6	虚拟机监视器的概念		
7	数据分发服务系统的概念		
8	讲解过程评价	正确性 较好□ 一般□ 较差□ 规范性 较好□ 一般□ 较差□ 表达流畅度 较好□ 一般□ 较差□	

二、功能软件的认知

1. 知识学习

（1）功能软件的定义

功能软件是指自动驾驶的核心共性功能模块，主要包括自动驾驶通用框架、网联、云控等。高等级自动驾驶系统的自动驾驶通用框架包括感知、规划、控制等模块及其子模块。

（2）自动驾驶通用框架

自动驾驶通用框架（unified autonomous driving，UniAD）模块是功能软件的核心和驱动部分。L3 及以上等级自动驾驶系统具备通用、共性的框架模块，如感知、规划、控制等模块及其子模块。自动驾驶通用框架模块定义核心、共性自动驾驶通用框架和数据流，通用框架的各个模块提供对外接口 API（应用程序编程接口）和服务，以接入非共性或演进算法、HMI（人机接口）等。通用框架模块也会调用自动驾驶操作系统中的云控、网联、信息安全等功能软件模块，或使用这些模块提供的服务。

自动驾驶通用框架的功能主要体现在：通过设计和实现通用框架模块，满足自动驾驶产生安全和

产品化的共性需求，保障自动驾驶系统实时、安全、可扩展和可定制；实现自动驾驶所需的人工智能算法，如基于卷积神经网络（CNN）框架的深度学习感知算法、基于高精度地图等多源信息融合定位算法、基于通用 AI 和规则的决策规划算法、基于车辆动力学模型的控制算法等。

自动驾驶通用框架主要有普通模块化框架、多任务模块化框架和端到端模块化框架三种。

1）普通模块化框架

普通模块化框架的每个模块负责单独的子任务，优点是易于调试迭代，缺点是解耦就会丢失最优性，各个模块的优化并不以驾驶为最终目标，并且每个模块的误差会传递到之后的模块。普通模块化框架示意图如图 4-2 所示。

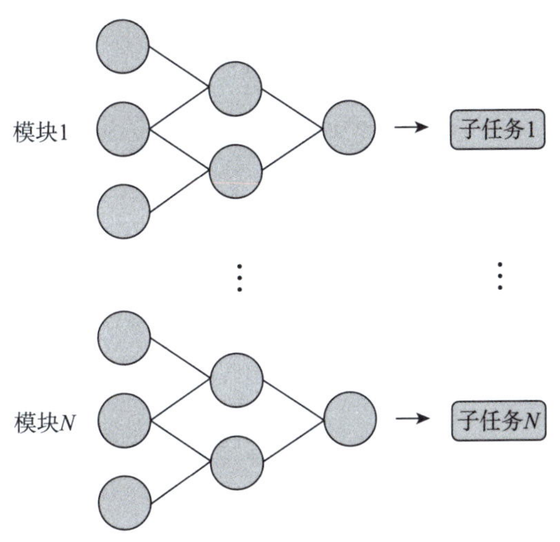

图 4-2 普通模块化框架示意图

2）多任务模块化框架

多任务模块化框架利用一个共享的特征提取器来完成多个子任务，优点是节约计算成本，缺点是不同任务之间可能会存在负面影响。多任务模块化框架示意图如图 4-3 所示。

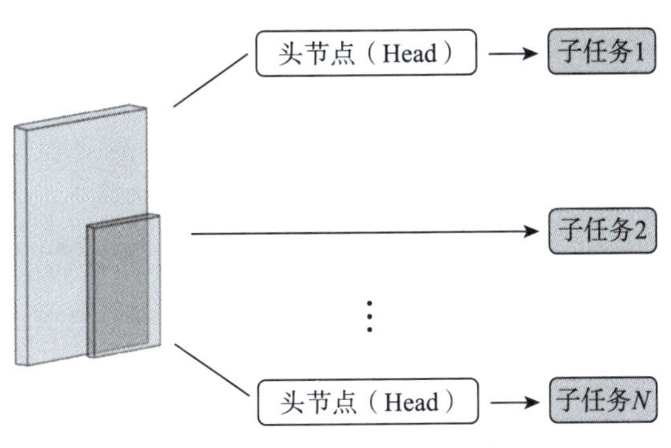

图 4-3 多任务模块化框架示意图

3）端到端（end-to-end，E2E）模块化框架

端到端模块化框架以最终的驾驶性能为目标，可以细分为隐式端到端和显式端到端两种框架，如

图 4–4 所示。

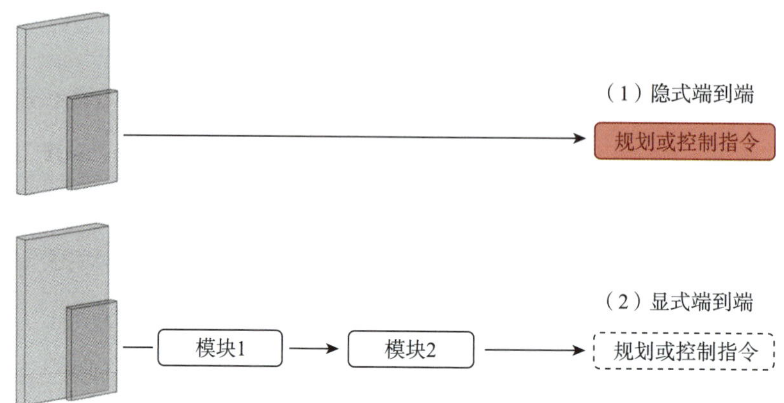

图 4–4　端到端模块化框架示意图

隐式端到端（vanilla solution）以传感器数据作为输入直接输出规划或者控制指令。这种框架的优点是较为简洁，缺点是缺乏可解释性，难以调试及迭代。

显式端到端（explicit solution）将多个模块囊括在端到端模块之中，每个模块有各自的输出，并且会将提取到的特征传递到下游任务。

（3）自动驾驶网联模块

自动驾驶网联模块负责实现网联通信、处理网联数据、网联协同感知、网联协同规划、网联协同控制等网联自动驾驶功能。

自动驾驶网联模块的数据包括路侧摄像头、智能信号灯、道路交通提示预警等信息和其他车辆信息，通过 V2X（车用无线通信技术）获得。网联数据与单车传感器系统的多种环境感知手段相结合，经过数据融合处理后能够将单车感知范围扩展到数百米，车辆的自动驾驶系统可根据感知信息控制车辆启停、减速等行为，实现车辆间防碰撞等功能。

（4）自动驾驶云控模块

云控基础平台是用于为智能网联汽车及其用户、管理及服务机构等提供车辆运行、基础设施、交通环境、交通管理等动态基础数据的平台。此外，云控基础平台还可以提供智能网联数据标准化互联互通、大数据计算、动态交互场景库、体系化应用开发与测试环境等服务。

云控模块基于自动驾驶通用模块，提供云控基础平台所需数据支撑，利用协同感知、云端决策与网联交通设施控制，形成“车端 – 边缘云 – 区域云 – 中心云”四级支撑体系，实现交通设施控制与车辆控制协同。

2. 技能操作

（1）操作准备

准备技能操作所需的物料，见表 4–3。

表 4-3　物料准备

类别	所需物料
教学整车 / 实训平台	智能网联实训汽车或智能驾驶小车
仪器、设备、工具	计算平台技术手册

（2）功能软件讲解

参考计算平台技术手册，运用本任务所学知识，向人讲解自动驾驶功能软件，将工作内容记录在表 4-4 中。

表 4-4　工作记录表

序号	项目	内容	备注
1	功能软件的定义		
2	自动驾驶通用框架的定义		
3	自动驾驶通用框架的功能		
4	自动驾驶通用框架的类型		
5	普通模块化框架		
6	多任务模块化框架		
7	端到端模块化框架		
8	自动驾驶网联模块		
9	自动驾驶云控模块		
10	讲解过程评价	正确性　较好□　一般□　较差□ 规范性　较好□　一般□　较差□ 表达流畅度　较好□　一般□　较差□	

检查评估

对本任务的学习情况进行检查，并将相关内容填写在表 4-5 中。

表 4-5　检查表

检查项目	检查结果	结果点评
系统软件的认知		
是否能准确向人描述自动驾驶操作系统	是□　否□	
是否能准确向人描述内核系统并举例	是□　否□	

续表

检查项目	检查结果	结果点评
讲解过程表现是否自信，讲解是否流畅	是□　否□	
功能软件的认知		
是否能准确向人描述功能软件	是□　否□	
是否能准确向人描述自动驾驶通用框架	是□　否□	
讲解过程表现是否自信，讲解是否流畅	是□　否□	
整理及恢复		
工具、设备是否整理恢复	是□　否□	
实训工位是否打扫干净	是□　否□	
工作页是否填写完整	是□　否□	

任务小结

本任务小结如图 4-5 所示。

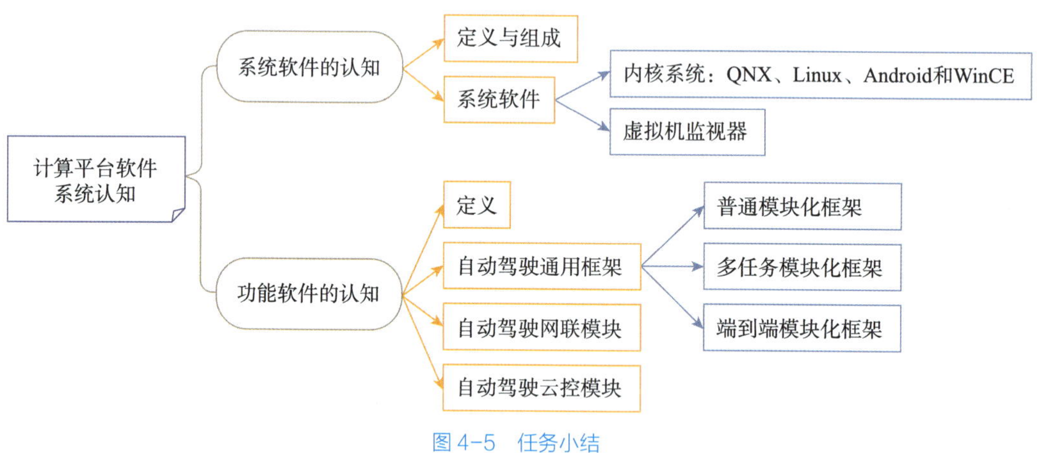

图 4-5　任务小结

任务五
操作系统安装准备

任务导入

场景： 某国产自主品牌汽车试制车间。

人物： 装调技师刘师傅、实习技师小张。

情境： 试制车间刘师傅向小张介绍了计算平台软件的基本知识后，开始指导小张为安装工作进行准备。小张之前仅接触过个人计算机上装载的 Windows 操作系统，这次工作对于他而言是全新的工作任务，你是否也和小张一样呢？

任务目标

- 能根据操作系统手册与计算平台技术手册，规范地完成平台配置检查。
- 能根据操作系统手册与计算平台技术手册，规范地完成 Linux 系统下载。

任务实施

一、平台配置检查

1. 知识学习

（1）Linux 系统的定义与特点

Linux 是一个开源的操作系统（OS），于 1991 年首次发布，是一个多用户、多任务、支持多线程和多 CPU 的操作系统。Linux 支持 32 位和 64 位硬件，能运行主要的 UNIX 工具软件、应用程序和网络协议，在所有软件与相关的物理资源之间建立连接，直接管理系统硬件和资源（如 CPU、内存和存储空间）的软件。Linux 社区使用一只企鹅的漫画形象作为操作系统的标志，如图 5-1 所示。

图 5-1　Linux 系统界面与标志

Linux 系统主要具有以下特点：

1）代码开源与定制化

Linux 系统是开放源码（open source）的类 UNIX 操作系统，该软件没有版权，只要遵循相应的许可条件，任何个人和机构都可以自由地使用 Linux 系统所有底层代码。使用者不仅可以直观地获取该操作系统的实现机制，而且可以根据自身的需要来修改并完善 Linux 系统，使其最大化地适应用户的需要。

2）应用范围广

Linux 系统被移植于多种计算机硬件平台中，其应用范围超过包括 Windows 在内的所有操作系统，其中包括超级计算机、个人计算机、路由器、手机、电子游戏机和智能网联汽车等。在移动设备上被广泛使用的 Android 操作系统就是建立在 Linux 内核之上。Linux 系统被称为“可以运行在任何硬件上的操作系统”。

3）安全性高

Linux 系统在默认安全设置下相对于 Windows 等操作系统具有极高的安全性，其核心防火墙组件性能高效、配置简单，同时可保证系统安全。Linux 系统具有许多安全技术措施，包括对读写进行权限控制、审计跟踪、核心授权等技术。Linux 系统的安全性是该操作系统的重要亮点。

4）网络功能强

Linux 系统继承了 UNIX 的特性，具有非常强大的网络功能，其支持所有因特网协议，包括 TCP/IPv4、TCP/IPv6 和链路层拓扑程序等。

我国以华为技术有限公司为代表的科技公司为 Linux 系统作出了重要贡献，其中华为公司贡献了一千多个补丁，涵盖了 CPU 休眠调控器默认可根据场景调整等系统特性，以及网络、文件系统、安全等关键子系统补丁，展现了我国科技工作者强大的技术实力以及为该世界技术领域发挥的关键作用。

（2）Ubuntu 系统的定义与特点

Ubuntu 系统是一个以桌面应用为主的 Linux 系统发行版操作系统，其中文名称为“乌班图”，首次发布于 2004 年，是最著名和使用人数最多的 Linux 系统版本。Ubuntu 系统界面与标志如图 5-2 所示。

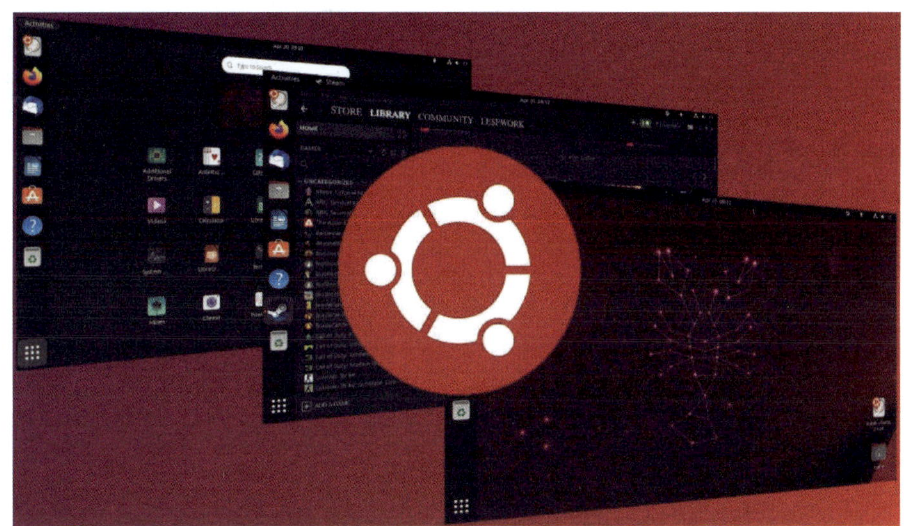

图 5-2 Ubuntu 系统界面与标志

Ubuntu 系统具有以下特点：

1）用户界面友好

Ubuntu 系统界面简明清晰，具有设计优良的桌面环境组件，系统提供了全套的多媒体应用软件工具，包括处理音频、视频、图形、图像的工具；集成了办公套件，能帮助用户完成文字处理、电子表格制作、幻灯片播放等日常办公任务。此外，系统无须安装硬件设备驱动。不同于 Windows 系统中普通用户基本在纯图形界面下操作，依靠鼠标和键盘来完成一切工作，Ubuntu 系统作为 Linux 系统发行版，兼具图形界面和完全的命令行，可以只用键盘完成一切工作，用户在熟悉系统操作后工作效率极高。

2）安全性好

系统所有任务均需使用 sudo 指令，较传统的以系统管理员账号进行管理的方式更为安全。

3）社区支持性好

Ubuntu 系统具有丰富的代码资源，全球所有的 Linux 系统开发者和自由软件社区都可提供支持，软件升级途径更加便捷。

此外，Ubuntu 系统集成了搜索工具 Tracker，为用户提供方便、智能的桌面资源搜索；抛弃烦琐的 X 桌面配置流程，可以轻松使用图形化界面完成复杂的配置；“语言选择”程序提供了常用语言支持的安装功能，让用户可以在系统安装后方便地安装多语言支持软件包；支持蓝牙（bluetooth）输入设备，如蓝牙鼠标、蓝牙键盘；拥有成熟的网络应用工具，从网络配置工具到网页浏览器、即时聊天工具、电子邮件工具等。

（3）Ubuntu 系统版本

Ubuntu 系统的版本号形式为 Ubuntu X.YY，其中 X 表示主版本号，以发布年份减去 2 000 后的数字表示。YY 表示版本发布的月份，例如 Ubuntu 4.10 是 2004 年 10 月发布的版本，该版本也是 Ubuntu 系统正式发布的第一个版本。

Ubuntu 系统版本根据维护和更新服务不同，分为 LTS 版本与非 LTS 版本。LTS 是英文 long-term support 的首字母缩写，表示“长期支持”。使用 LTS 版本代表着稳定的企业级开发和生产平台，系统供应者为 main 软件库提供五年标准安全维护，并可就地升级到下一 LTS 版本。LTS 版本的特点是注重稳定性和可靠性，具有更长的支持周期，适用于对稳定性要求较高的企业用户和服务器环境。

非 LTS 版本又称一般版本或短期支持版本，在稳定性、支持周期和新功能方面与 LTS 版本存在较大差别，例如，Ubuntu 23.04 仅具有 9 个月的安全和维护更新支持，至 2024 年 1 月停止。非 LTS 版本的使用者更加关注新功能和软件更新，适合个人用户和开发者，可以不断探索最新的技术和功能。

Ubuntu 系统一般每六个月发布一个非 LTS 版本，每两年发布一个 LTS 版本（即主版本号均为双数）。Ubuntu 22.04 LTS 桌面界面如图 5-3 所示。

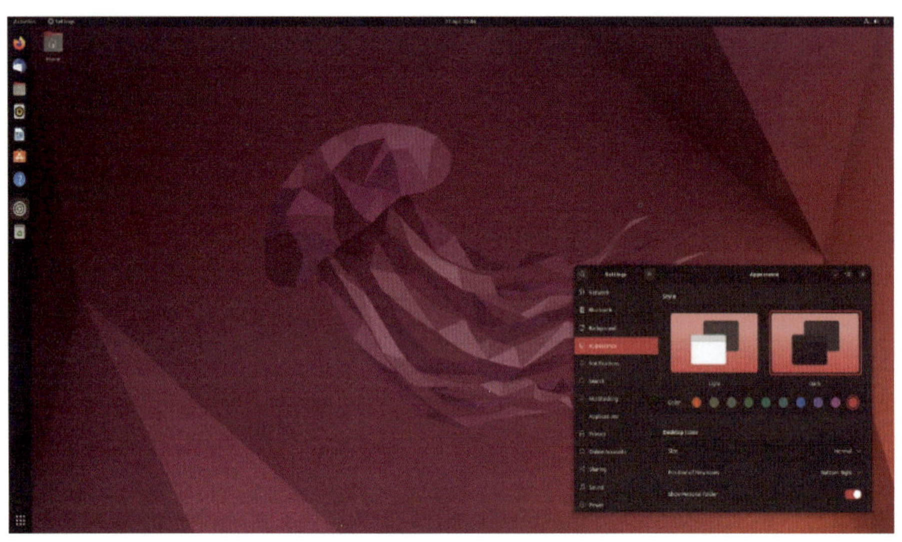

图 5-3　Ubuntu 22.04 LTS 桌面界面

（4）系统安装环境

为保证系统安装和运行正常，安装 Ubuntu 系统前需要对安装环境进行检查，检查的对象主要有计算平台的处理器、系统内存、磁盘存储空间、联网情况、光驱或 USB 安装介质等。

各发行版本的 Ubuntu 系统对安装环境需求信息的获取途径有两种，分别是通过查询系统下载所用的网站或系统安装手册，例如，Ubuntu 官网上列出的 Ubuntu 22.04.3 LTS 版本对系统配置的要求如图 5-4 所示，计算平台系统需具有双核 2 GHz 处理器或更高性能的处理器、4 GB 系统内存、25 GB 磁盘存储空间、确保计算平台能够连接并访问互联网（Internet），以及可使用光驱或 USB 安装介质。

（5）平台配置参数查询方法

如果平台预装有 Windows 系统，可以通过单击“设置”→“系统”查看。

Ubuntu 22.04.3 LTS

下载专为桌面PC和笔记本精心打造的Ubuntu长期支持(LTS)版本。LTS意为"长期支持"，一般为5年。LTS版本将提供免费安全和维护更新至 2027年4月。

Ubuntu 22.04 LTS发布说明

推荐的系统配置要求:

- 双核2 GHz处理器或更高
- 4 GB系统内存
- 25 GB磁盘存储空间
- 可访问的互联网
- 光驱或USB安装介质

下载 22.04.3

如需其他版本的Ubuntu桌面，包括BT下载，网络安装器，本地镜像站和历史版本，请访问其他下载。

图 5-4　Ubuntu 22.04.3 LTS 版本对系统配置的要求

如果平台未预装系统或不开机查看配置参数，可以通过查看随机手册或包装箱上的产品信息获取相关配置参数。以图 5-5 所示的一个平台配置标签为例，图中 CPU 表示处理器，该处理器型号为 Intel i5，主频为 2.5 GHz，通过 CPU 型号可以进一步查出该处理器是一款双核处理器。RAM 表示内存，该机器内存为 4 GB。HDD 表示机械硬盘，存储空间为 500 GB。SSD 表示固态硬盘，存储空间为 128 GB。ODD 表示光盘驱动器（简称光驱），但该计算机没有光驱。对比 Ubuntu 22.04.3 LTS 版本对系统配置的要求，此平台可以安装相应版本的 Ubuntu 系统。

CPU: Intel i5－7200U 2.5 G
RAM: 4 G
HDD: 500 G
SSD: 128 G
LAN: 100/1000 M
ODD: －－

intel inside

图 5-5　平台配置标签

2. 技能操作

（1）操作准备

准备技能操作所需的物料，见表 5-1。

表 5-1　物料准备

类别	所需物料
教学整车 / 实训平台	智能网联实训汽车或智能驾驶小车
仪器、设备、工具	工控机技术手册

（2）系统类型与版本信息记录

根据车辆技术手册，记录计算平台操作系统类型与版本，将工作内容记录在表 5-2 中。

表 5-2　工作记录表

序号	项目	内容	备注
1	系统类型		
2	系统名称		
3	系统版本		
4	主版本号		
5	发布时间		
6	版本类型	□LTS　□非 LTS	
7	安全和维护更新支持时间		
8	简要说明	操作系统的功能： 操作系统的特点：	

（3）操作系统配置需求记录

查询操作系统对配置的要求，将工作内容记录在表 5-3 中。

表 5-3　工作记录表

序号	项目		内容	备注
1	操作系统名称与版本号			
2	查询方式		□查询系统下载所用的网站 □查询系统安装手册 其他方式：	
3	处理器要求	内核数量		
		主频		
4	内存要求			
5	磁盘存储空间要求			
6	联网要求			
7	安装介质要求			
8	其他要求			

（4）平台硬件配置检查

查询平台硬件配置，将工作内容记录在表 5-4 中。

表 5-4　工作记录表

序号	项目		内容	是否满足操作系统要求
1	品牌			—
2	查询方式		□通过 Windows 系统 □通过技术手册或配置标签	—
3	处理器	内核数量		□是　□否
		主频		□是　□否
4	内存			□是　□否
5	磁盘存储空间			□是　□否
6	联网相关参数			□是　□否
7	安装介质相关参数			□是　□否

二、操作系统下载

1. 知识学习

（1）Ubuntu 系统官网下载

Ubuntu 系统下载有官网下载与镜像下载两种方式。

官网下载的方式是访问 Ubuntu 官网（网址为 https://ubuntu.com/download/），还可以访问 Ubuntu 官网中文网页（网址为 https://cn.ubuntu.com/download/）。Ubuntu 官网（中文网页）界面如图 5-6 所示。从官网下载的优点是界面友好，缺点是服务器在国外，下载速度较慢。

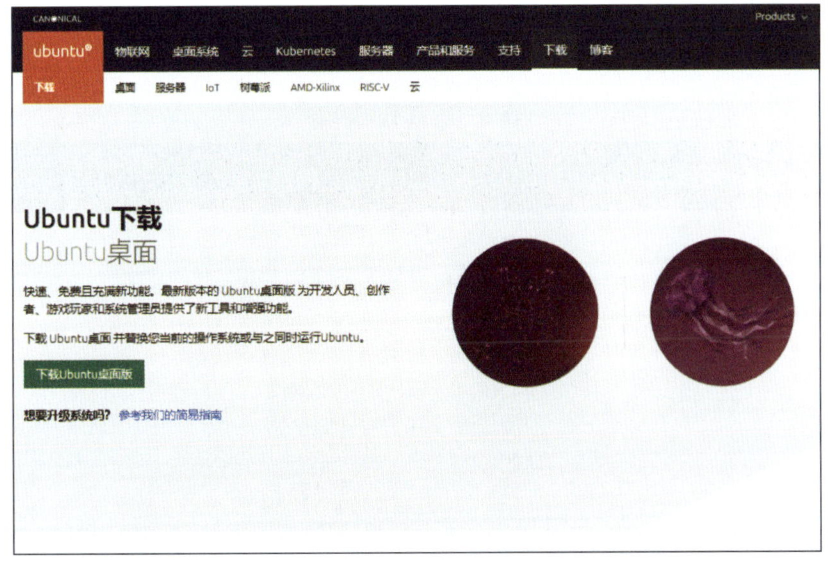

图 5-6　Ubuntu 官网（中文网页）界面

（2）Ubuntu 系统镜像下载

镜像下载方式用于解决官网下载速度慢的问题，主要的镜像站是清华大学开源软件镜像站（网址为 https://mirrors.tuna.tsinghua.edu.cn/ubuntu-releases/），其界面如图 5-7 所示。此外，中科大镜像源、阿里云镜像源、腾讯软件源等镜像站也可以用于下载 Ubuntu 系统。

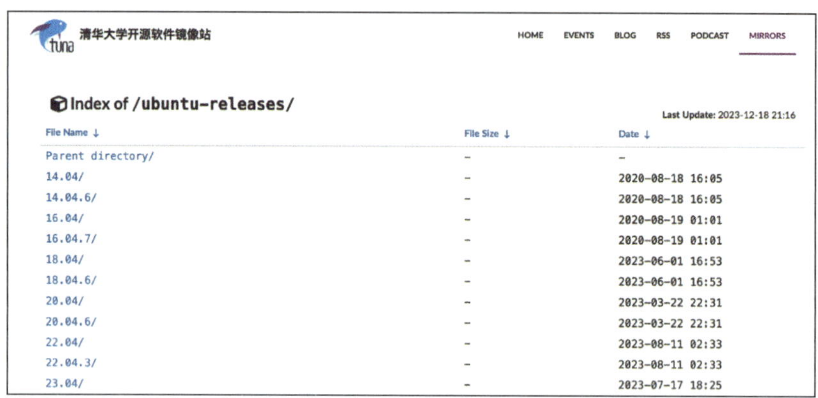

图 5-7　清华大学开源软件镜像站界面

2. 技能操作

（1）操作准备

准备技能操作所需的物料，见表 5-5。

表 5-5　物料准备

类别	所需物料
教学整车 / 实训平台	智能网联实训汽车或智能驾驶小车
仪器、设备、工具	工控机技术手册

（2）下载地址访问

访问系统软件下载地址，完成系统下载，将工作内容记录在表 5-6 中。

表 5-6　工作记录表

序号	项目	内容	备注
1	下载方式	□官网下载 □镜像下载	
2	下载位置	□ Ubuntu 官网 □ Ubuntu 官网的中文网页 □清华大学开源软件镜像站 其他：	
3	下载网址		

续表

序号	项目	内容	备注
4	软件查询情况	计划下载版本： 是否在下载网站找到计划下载版本 □是　□否	
5	安装文件名称		
6	安装软件人小		
7	下载完成情况	□完成　□未完成	

检查评估

对本任务的学习情况进行检查，并将相关内容填写在表 5-7 中。

表 5-7　检查表

检查项目	检查结果	结果点评
平台配置检查		
是否能准确向人描述 Linux 系统的特点	是□　否□	
是否能正确获得版本信息	是□　否□	
是否能正确描述系统安装环境检查项目	是□　否□	
是否能正确获取操作系统对配置的要求	是□　否□	
是否能准确得到平台对配置要求的满足情况	是□　否□	
操作系统下载		
是否能找到下载网址	是□　否□	
是否能成功下载安装文件	是□　否□	
整理及恢复		
工具、设备是否整理恢复	是□　否□	
实训工位是否打扫干净	是□　否□	
工作页是否填写完整	是□　否□	

任务小结

本任务小结如图 5-8 所示。

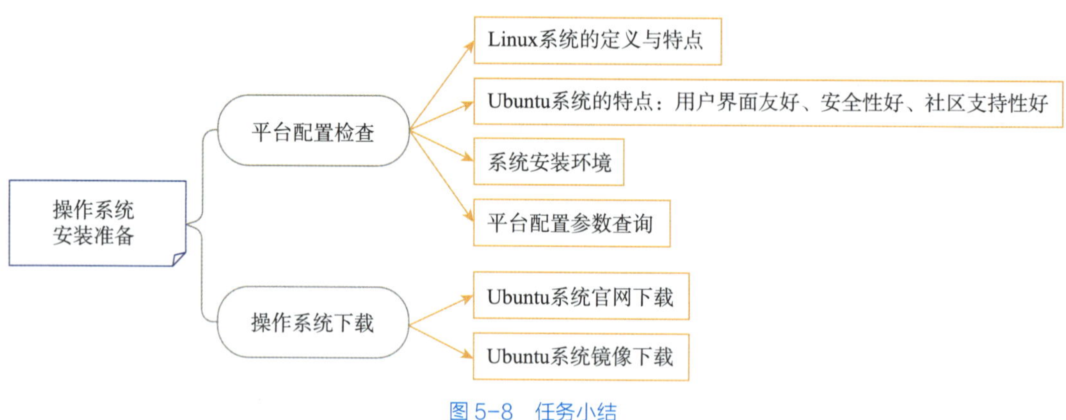

图 5-8　任务小结

任务六
操作系统安装与测试

任务导入

场景： 某国产自主品牌汽车试制车间。

人物： 装调技师刘师傅、实习技师小张。

情境： 实习技师小张在刘师傅的指导下完成了操作系统的安装准备工作，接下来小张将开始安装与测试操作系统。请跟随小张开始工作吧。

任务目标

- 能根据操作系统手册与计算平台技术手册，规范地完成 Linux 系统的安装。
- 能根据操作系统手册与计算平台技术手册，规范地完成 Linux 系统软件信息查询与文件操作测试。

任务实施

一、操作系统安装

1. 知识学习

在计算平台上安装 Ubuntu 系统一般有直接安装和间接安装两种方法。直接安装法是在下载 ISO 安装光盘映像文件之后，将其制作成启动盘，直接用安装光盘进行安装的方法。间接安装法是在计算机 Windows 系统基础上，利用虚拟机安装 Ubuntu 系统。

（1）直接安装法

1）制作启动盘

准备一个存储空间在 12 GB 以上的 U 盘。利用一台可正常运行的计算机进行“烧录”，将 Ubuntu 系统安装文件写入 U 盘。此过程一般使用专门软件，Windows 系统计算机建议使用 Rufus，macOS 系统计算机建议用 Etcher。

2）启动安装

将烧录好的 U 盘插入待安装系统的计算机，在开机时持续按快捷键进入 BIOS 选项。

BIOS 是英文“basic input output system”的缩略词，中文名称是“基本输入输出系统”。BIOS 是一组固化到计算机主板一个 ROM 芯片上的程序，保存着计算机最重要的基本输入输出的程序、系统设置信息、开机后自检程序和系统自启动程序。BIOS 是连接软件与硬件的一座“桥梁”，是计算机开启时运行的第一个程序，其主要功能是为计算机提供最底层、最直接的硬件设置和控制。

不同品牌计算机的 BIOS 快捷键不同，常见的进入 BIOS 的快捷键有 F2、Del、F1、Esc、F10 等多种。操作时需提前完成 BIOS 快捷键查询。

在 BIOS 选项中选择对应的 U 盘启动。U 盘启动后会出现黑色的引导界面，在界面中选择 Ubuntu，进入 Ubuntu 安装界面。

3）选择语言

进入 Ubuntu 安装界面后，可选择英文或中文，语言选择界面如图 6-1 所示。

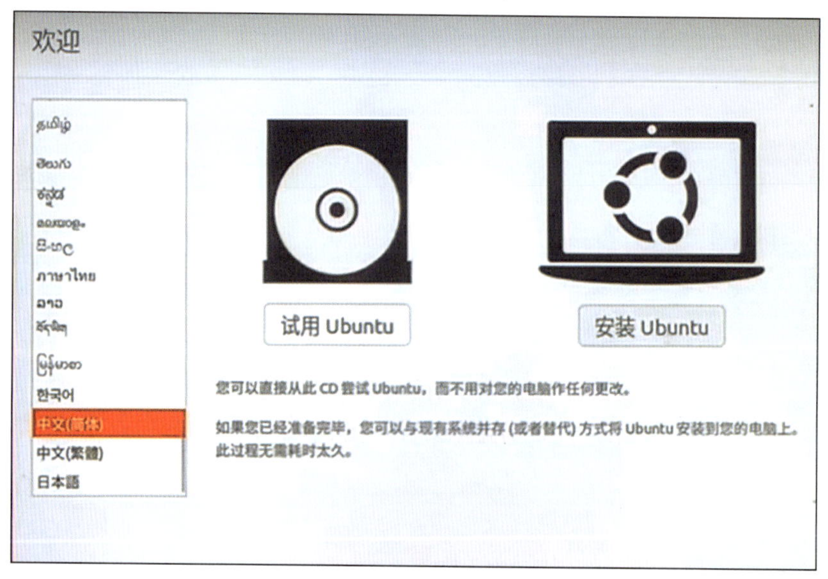

图 6-1 语言选择界面

4）选择键盘布局

选择 Chinese 作为键盘布局，键盘布局选择界面如图 6-2 所示。

5）连接网络。

6）选择最小安装。

7）选择安装类型

一般选择自定义安装。注意，选择选项“清除整个磁盘并安装 Ubuntu”时，整个计算平台将只有

Ubuntu 系统，其他预装的操作系统将全部被删除。安装类型选择界面如图 6–3 所示。

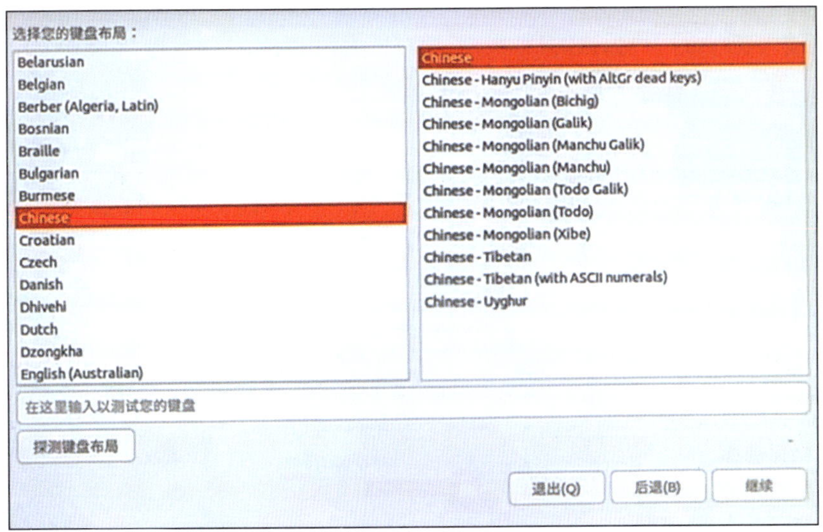

图 6–2　键盘布局选择界面

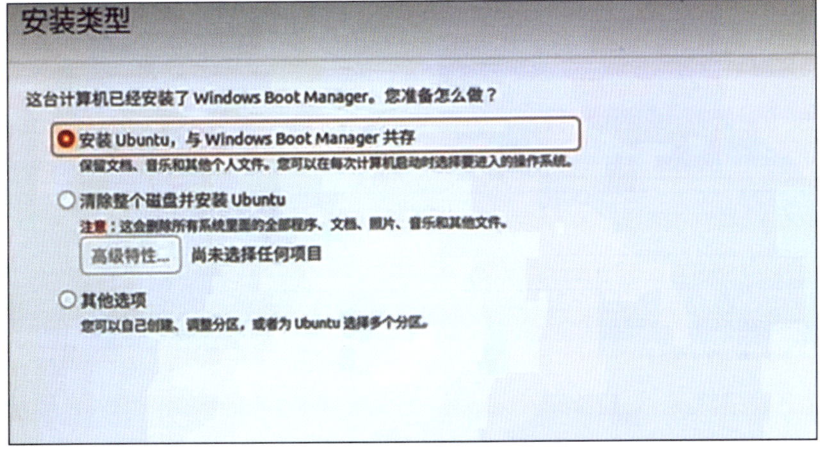

图 6–3　安装类型选择界面

8）分区

Linux 系统使用目录树结构，整个系统只有一个根目录，各个分区以挂载到某个目录的形式成为根目录的一部分。Linux 系统使用设备名称加分区编号来标明分区。

分区时要保证有足够的未分区磁盘空间来安装操作系统。

安装 Ubuntu 系统需要创建四个分区，即根分区（/）、Swap（交换）分区、引导分区（/boot）和家（/home）分区。

① 根分区用于存储大部分系统文件和用户文件，应保证其存储空间能够容纳各个 Linux 系统组件。一般要求根分区大小在 15 GB 以上。

② Swap 分区提供虚拟内存空间，其大小通常为物理内存的两倍左右。

③ 引导分区（/boot）用于引导系统，包含操作系统内核和启动过程中所要用到的文件。一般要求其大小为 200 MB 到 2 GB。

④ 家分区是使用者存放用户数据的目录。一般在最大程度上留足空间。

分区操作界面如图 6-4 所示。

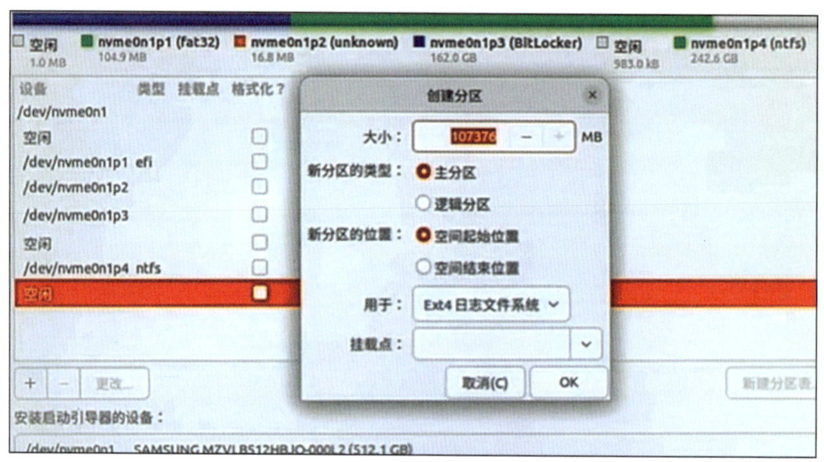

图 6-4 分区操作界面

9）选择区域与用户设置

选择所在城市（时区），设置用户信息，如登录密码等。用户设置界面如图 6-5 所示。

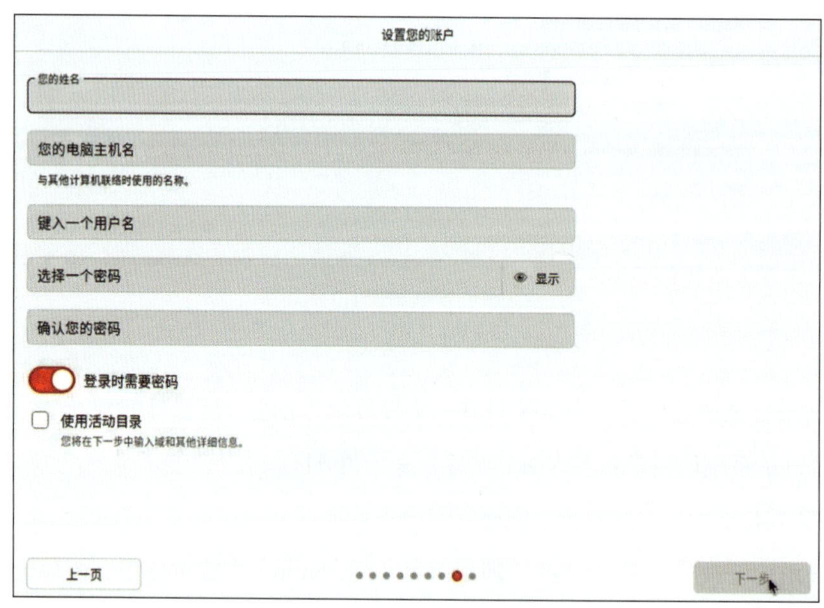

图 6-5 用户设置界面

10）运行与退出程序

等待 Ubuntu 系统安装，进度条会显示安装情况。安装完成后，系统显示安装完成相关信息，单击“Restart Now”（重启）按钮，把 U 盘拔下，即可完成安装。

（2）间接安装法与虚拟机

采用间接安装法时，需先下载 VMWARE WORKSTATION PRO 软件，之后打开 VMWARE WORKSTATION PRO 软件，在“新建虚拟机向导”对话框中选择“典型（推荐）（T）”配置，然后单击“下一步”按钮，如图 6-6 所示。

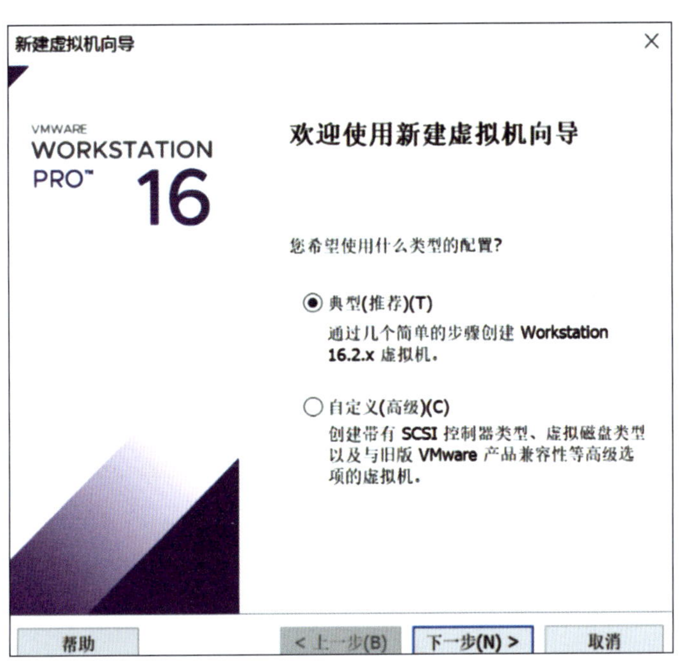

图 6-6　新建虚拟机向导

在“新建虚拟机向导”界面选择安装程序光盘映像文件，根据安装手册输入简易安装信息、命名虚拟机等完成间接安装全过程。其中所使用软件工具为桌面虚拟计算机软件 VMWARE WORKSTATION（中文名为“威睿工作站”），该软件可帮助用户在一台机器上同时运行两个或更多 Windows、DOS、Linux、Mac 系统。与多启动系统相比，VMWARE 采用完全不同的概念，多启动系统在一个时刻只能运行一个系统，在系统切换时需要重新启动机器；VMWARE 可在主系统的平台上真正“同时”运行多个操作系统，像标准 Windows 应用程序那样进行切换。

每个操作系统都可以进行虚拟的分区、配置而不影响真实硬盘的数据。

2. 技能操作

（1）操作准备

准备技能操作所需的物料，见表 6-1。

表 6-1　物料准备

类别	所需物料
教学整车 / 实训平台	计算平台实训台架
仪器、设备、工具	操作系统手册、计算平台技术手册

（2）操作系统安装

根据计算平台技术手册与操作系统手册安装指定的操作系统，将工作内容记录在表 6-2 中。

表 6-2 工作记录表

序号	工作项目	工作内容	备注
1	安装方法	□直接安装法 □间接安装法	
2			
3			
4			
5			
6			
7			
8			
9			
10			

二、操作系统测试

1. 知识学习

（1）系统版本查询

Ubuntu 的终端（英文名称为 terminal）又称命令终端，即所谓的命令行界面，是用户输入命令的窗口。界面与 Windows 中的 DOS 界面相类似，如图 6-7 所示。

Ubuntu 终端常用的打开方法有以下两种：

1）使用组合快捷键。通过组合快捷键 Ctrl+Alt+T 可打开终端。

2）使用鼠标操作。用鼠标右键单击空白区域，在弹出的快捷菜单中选择“打开终端”命令，如图 6–8 所示。

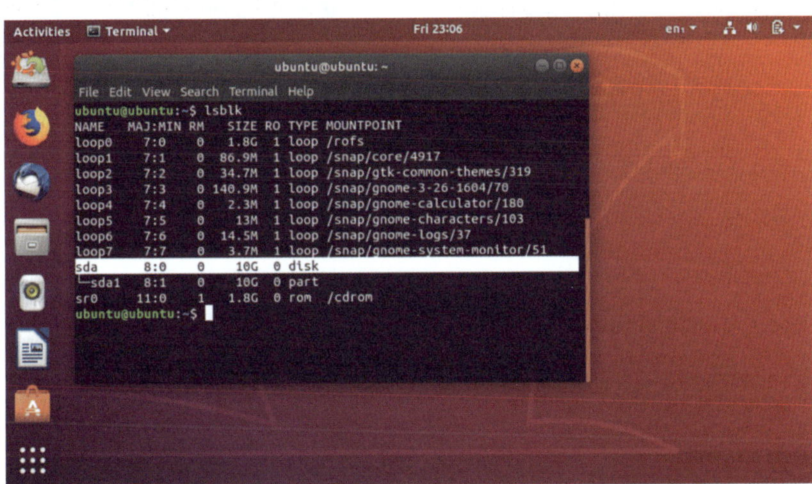

图 6–7　Ubuntu 终端界面

图 6–8　用鼠标操作打开 Ubuntu 终端

输入以下指令查询所安装系统的版本：

```
# lsb release -a
```

显示信息如图 6–9 所示，分别显示信息 distributor ID（分发商编号）、具体描述（description）、发布版本号（release）、版本代号（codename）。

```
root@localhost:~# lsb_release -a
No LSB modules are available.
Distributor ID: Ubuntu
Description:    Ubuntu 16.04.2 LTS
Release:        16.04
Codename:       xenial
```

图 6-9　显示信息

注意：指令中的“#”为提示符，进入命令行界面会自动显示。提示符分为 $ 和 # 两种，$ 表示当前用户为一般用户，# 表示当前用户为管理员用户。

（2）硬件信息检查

1）内存信息检查

按 Ctrl+Alt+T 组合快捷键调出终端窗口。在窗口中输入“free-m”并按 Enter 键执行，系统会在下面第一行的“Mem:”后面的“total”下显示系统的内存大小，如图 6-10 所示。

```
wangzhi@Ubuntu64:~$ free -m
              total        used        free      shared  buff/cache   available
Mem:           2987         789        1198           9         998        1968
Swap:          3068           0        3068
wangzhi@Ubuntu64:~$
```

图 6-10　系统内存查看示例

2）硬盘空间检查

在终端输入“df”，分别显示硬盘的空间大小和使用情况，如图 6-11 所示。

```
ubuntu@ubuntu-ol:~$ df -h
Filesystem      Size  Used Avail Use% Mounted on
udev             16G     0   16G   0% /dev
tmpfs           3.2G  9.4M  3.2G   1% /run
/dev/sda2       100G   44G   51G  46% /
tmpfs            16G  437M   16G   3% /dev/shm
tmpfs           5.0M  4.0K  5.0M   1% /run/lock
tmpfs            16G     0   16G   0% /sys/fs/cgroup
/dev/sdb3        96M   29M   68M  30% /boot/efi
/dev/sda5       840G  613G  185G  77% /home
/dev/sdb4       954G  671G  283G  71% /home/ubuntu/code/mywork/mount
tmpfs           3.2G   52K  3.2G   1% /run/user/1000
```

图 6-11　硬盘空间检查示例

（3）基本文件操作

Ubuntu 系统的基本指令见表 6–3。

表 6–3　Ubuntu 系统的基本指令

序号	命令	对应英文	作用
1	ls	list	查看当前文件夹下的内容
2	cd [路径名]	change directory	切换指定文件夹
3	pwd	print work directory	查看当前路径
4	mkdir [路径名]	make directory	创建文件夹
5	touch	touch	新建文件
6	rm [文件名]	remove	删除指定文件
7	source [文件名]	source	在当前 bash 环境下读取并执行 FileName 中的命令
8	clear	clear	清屏

2. 技能操作

（1）操作准备

准备技能操作所需的物料，见表 6–4。

表 6–4　物料准备

类别	所需物料
教学整车 / 实训平台	计算平台实训台架
仪器、设备、工具	操作系统手册、计算平台技术手册

（2）系统版本与硬件信息查询

根据计算平台技术手册与操作系统手册，查询计算平台操作系统版本与硬件信息，将工作内容记录在表 6–5 中。

表 6–5　工作记录表

序号	项目	内容	备注
1	是否能正确打开终端	□是　□否 终端打开方式：	
2	是否能正确输入版本查询指令	□是　□否 指令：	
3	分发商编号		
4	具体描述		

续表

序号	项目	内容	备注
5	发布版本号		
6	版本代号		
7	是否能正确输入内存查询指令	□是 □否 指令：	
8	内存大小		
9	是否能正确输入硬盘信息查询指令	□是 □否 指令：	
10	硬盘空间大小		
11	硬盘空间使用比例		

（3）文件操作

根据操作系统手册，对文件进行操作，将工作内容记录在表 6-6 中。

表 6-6 工作记录表

序号	项目	内容	备注
1	是否可查看当前文件夹下的内容	□是 □否 指令：	
2	是否可切换指定文件夹	□是 □否 指令：	
3	是否可查看当前路径		
4	是否可创建文件夹		
5	是否可新建文件		
6	是否可删除指定文件		
7	是否可完成清屏操作	□是 □否 指令：	

检查评估

对本任务的学习情况进行检查，并将相关内容填写在表 6-7 中。

表 6-7　检查表

检查项目	检查结果	结果点评
操作系统安装		
是否能准确向人描述 Linux 系统的安装方法	是□　否□	
是否能完成系统操作界面的语言设定	是□　否□	
是否能正确分区	是□　否□	
是否能完成操作系统安装	是□　否□	
操作系统测试		
是否能完成系统版本查询	是□　否□	
是否能完成硬盘信息检查	是□　否□	
是否能创建一个文本文件	是□　否□	
整理及恢复		
工具、设备是否整理恢复	是□　否□	
实训工位是否打扫干净	是□　否□	
工作页是否填写完整	是□　否□	

任务小结

本任务小结如图 6-12 所示。

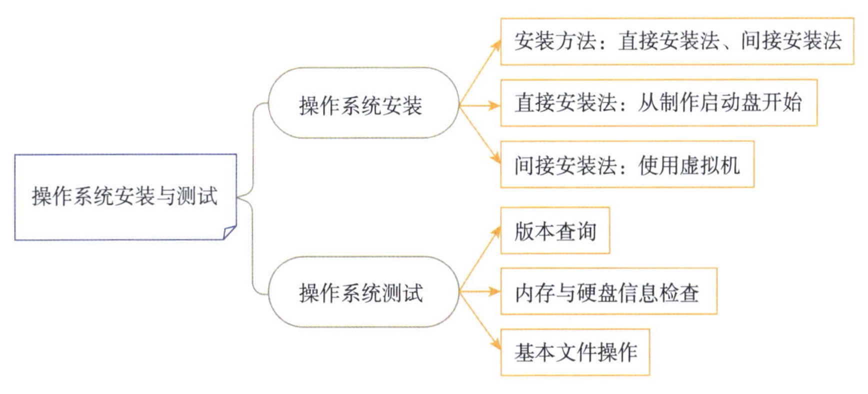

图 6-12　任务小结

任务七 中间件 ROS 安装

任务导入

场景：某国产自主品牌汽车试制车间。

人物：装调技师刘师傅、实习技师小张。

情境：实习技师小张顺利完成了刘师傅交办的操作系统安装任务，接下来刘师傅将指导小张完成中间件的安装与测试。那么，为什么需要中间件？中间件又是如何安装的呢？请跟随小张，带着这些疑问开始工作吧。

任务目标

- 能根据操作系统手册与计算平台技术手册，正确、规范地描述中间件的作用与分类。
- 能根据操作系统手册与计算平台技术手册，规范地完成 ROS 系统安装工作。

任务实施

一、中间件的认知

1. 知识学习

（1）中间件的定义与作用

在智能驾驶系统中，中间件（middleware）是介于应用软件和系统软件之间的一大类软件，为操作系统、网络和数据库等系统软件提供基础服务，连接应用软件的各个部分或不同的应用软件，实现资源共享和功能共享，是“软件定义汽车”概念的典型技术体现。“中间件”这一名称来自其在软件结构中，相对于应用软件层（上层）和系统软件层（底层）之间的位置，如图 7–1 所示。

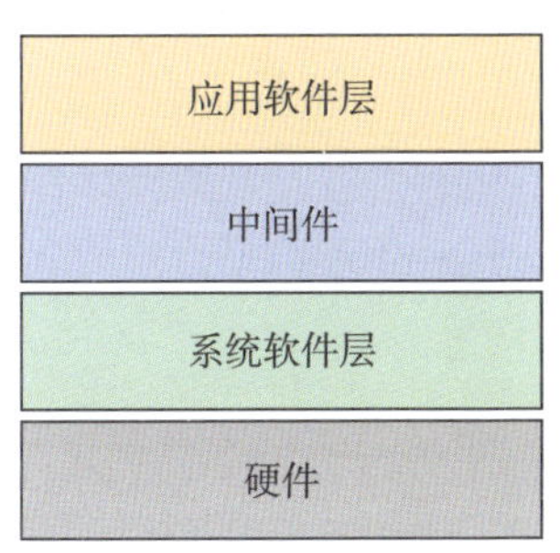

图 7-1　中间件所处的软件结构位置

中间件的核心思想是“统一标准、分散实现、集中配置”。通过统一标准，为不同汽车企业提供一个通用的开放平台。分散实现，是指软件系统层次化、模块化，并且降低应用与平台之间的耦合度。集中配置是指当不同模块来自不同的软件供应商时，软件之间存在复杂的相互联系，为了整合并完善系统，需将所有模块的配置信息以统一的格式集中管理起来，集中配置后生成系统。中间件在开发模式中发挥的作用如图 7–2 所示。

过去的开发模式

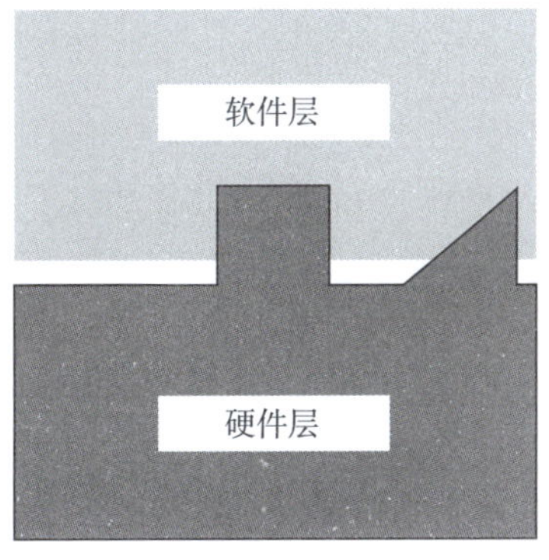

采用中间件的开发模式

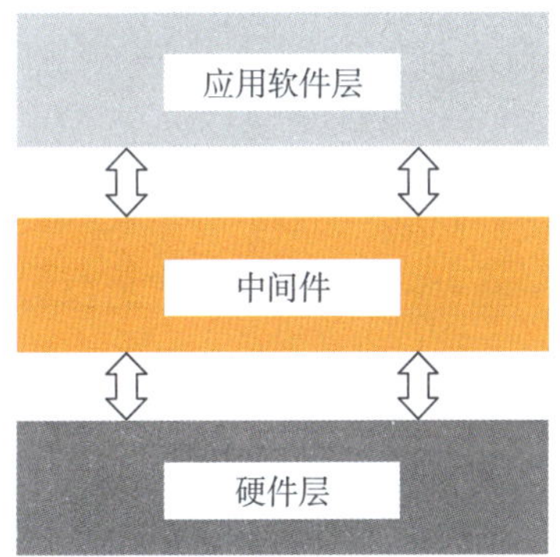

图 7-2　中间件在开发模式中发挥的作用

中间件的具体作用体现在以下几个方面：

1）负责各类应用软件模块之间的通信以及对系统资源的调度。

2）实现模块化开发，为上层的应用软件提供开发和运行所需的环境，方便开发者快速、高效、灵活地开发和集成自动驾驶软件，降低应用层软件的开发难度。例如，在开发和调试自动泊车系统时，需要通过算法获取一个摄像头感知到的车辆一侧的车位线信息，工程人员仅需要专注于车位线检测算法，与外界的数据交互使用中间件的通信服务（例如，订阅摄像头信息、发布检测结果）即可完成，工程人员不必关心车位线数据来源的具体部件和信号传输路径。

3）降低测试要求。可实现单元测试量减少，单元接口固定，集成测试有据可依。

通过中间件，可以实现以下目标：跨配置、跨车型、跨平台、跨硬件的软件适配；软件开发聚焦差异化，提高软件开发效率；为软件认证提供标准；方便行业软件互换互通；集成已有工具链，支持从设计到代码全流程。

中间件的应用范围包括解决汽车功能的可用性和安全性需求，保持汽车电子系统具有一定的冗余，可以移植到不同汽车的不同平台上，通过网络共享软件功能，集成多个开发商提供的软件模块，在产品生命周期内更好地进行软件维护，更充分地利用硬件平台的处理能力，可实现汽车电子软件的更新和升级等。

（2）主流中间件软件

1）AUTOSAR

全球范围内最著名的中间件方案是 AUTOSAR，全称为 automotive open system architecture，即汽车开放系统架构。AUTOSAR 并非特指由某一家软件公司开发出来的某款操作系统或中间件产品，而是指由全球的主要汽车生产厂商、零部件供应商、软硬件和电子工业等企业共同制定的汽车开放式系统架构标准。各公司基于 AUTOSAR 标准开发出各自的中间件软件产品。

AUTOSAR 具有传统平台（classic platform）和自适应平台（adaptive platform）两类平台。

传统平台的 AUTOSAR 被称为 AUTOSAR CP。AUTOSAR CP 主要运行在 8 bits、16 bits、32 bits 的微控制单元上，一般应用在对实时性和功能安全要求较高、对算力要求较低的场景中，如对发动机、制动系统等动力和底盘系统的智能化控制等。该类中间件无法实现自动驾驶。

具有自适应平台的 AUTOSAR 被称为 AUTOSAR AP。AUTOSAR AP 主要运行在 64 bits 以上的高性能 MPU（微处理器单元）/SOC（嵌入式处理器）上，对应自动驾驶的高性能电子系统。AUTOSAR AP 应用在对实时性和功能安全有一定要求、对算力要求更高的场景中，如 ADAS、自动驾驶以及在动态部署方面追求较高自由度的信息娱乐场景。

AUTOSAR 两类平台的对比见表 7-1。

表 7-1　AUTOSAR 两类平台的对比

序号	对比项	AUTOSAR CP	AUTOSAR AP
1	硬件环境	运行在微控制单元上	运行在 MPU/SOC 上
2	使用场景要求	对实时性和功能安全要求较高、对算力要求较低的场景中	对实时性和功能安全有一定要求、对算力要求更高的场景中
3	应用举例	发动机控制、制动系统控制	ADAS、自动驾驶、智能座舱

2）ROS 2

ROS 是机器人操作系统（robot operating system）的英文缩写，原生的 ROS 是作为机器人操作系统被开发的，为了直接满足无人驾驶的所有需求，用作自动驾驶中间件，在原生 ROS 系统（一般被称为 ROS 1）上进一步开发的系统被称为 ROS 2。

由于 ROS 1 基于 TCP/IP 通信机制，这就导致其具有以下缺陷：实时性差、嵌入式设备不友好、需要大带宽的稳定网络连接。现实中，ROS 1 较多用于学术研究领域。

ROS 2 与 ROS 1 的主要区别在于以下几点：

① ROS 2 可以部署在多种操作系统中。ROS 1 主要构建于 Linux 系统之上，主要支持 Ubuntu；ROS 2 采用全新的架构，底层基于 DDS 通信机制，支持实时性、嵌入式、分布式、多操作系统，ROS 2 支持的系统包括 Linux、Windows、Mac、RTOS 系统等，甚至是单片机等没有操作系统的裸机。

② ROS 2 的通信机制不同。ROS 1 的通信系统基于 TCPROS/UDPROS，强依赖于 master 节点的处理，需要一个 master 来处理发布 – 订阅通信中间层；ROS 2 的通信系统是基于 RTPS（real–time publish–subscribe）协议的 DDS 作为中间层，取消了 master，同时在内部提供了 DDS 的抽象层实现。DDS 是一种用于实时和嵌入式系统发布 – 订阅式通信的工业标准，DDS 不需要向 ROS 1 借助 master 来完成两个节点的通信，这使系统更加灵活，且 DDS 具有极高的可靠性。

③ ROS 2 稳定性更强，对资源的消耗更低。ROS 1 运行时要依赖 roscore，一旦 roscore 出现问题，就会造成较大的系统故障。另外，由于安装与运行体积较大，ROS 1 对很多低资源系统会造成负担；ROS 2 基于 DDS 进行数据传输，而 DDS 基于 RTPS 的去中心化的通信框架，因此，去除了对 roscore 的依赖，系统的稳定性强，对资源的消耗也有所降低。

ROS 2 的硬件运行环境一般为嵌入式处理器（SOC），能满足高等级自动驾驶的需求。

3）CyberRT

CyberRT 又称 CyberRT 框架，是我国百度公司为其阿波罗（Apollo）自动驾驶平台所开发的中间件。

CyberRT 是一个开源、高性能的运行时框架，专为自动驾驶场景而设计，其针对自动驾驶的高并发、低延迟、高吞吐量进行了大幅优化。为了解决 ROS 1 系统中“若 ROS master 出故障了，则任何两个节点之间的通信便受到影响”的问题，CyberRT 用自动发现机制代替了 master 机制，这个通信组网机制和汽车 CAN 网络相似。此外，CyberRT 的核心设计将调度、任务从内核空间搬到了用户空间。

CyberRT 具有消息队列、实时调度、用户接口与开发工具四个主要功能。

①消息队列功能的主要作用是接收和发送各个节点的消息，涉及消息的发布、订阅以及消息的 buffer 缓存等。

②实时调度功能是调度处理上述消息的算法模块，保证算法模块能够实时调度并处理消息。

③用户接口功能是指提供了灵活的用户接口。

④在开发工具方面，CyberRT 包括消息监控（Cyber_monitor）、消息可视化（cyber_visualizer）、录制 / 回放工具（cyber_recorder）、ros 包录制（rosbag_to_recorder）等。

CyberRT 在百度 Apollo 自动驾驶系统中管理不同的模块，实现模块间的高效通信，是实时操作系统与自动驾驶各个模块的中间通信接口。

CyberRT 的突出特点是专为无人驾驶设计的，具有以下三方面优势。

加速开发。CyberRT 具有数据融合功能的定义明确的任务接口、一系列开发工具以及大量传感器驱动程序。

简化部署。CyberRT 具有高效自适应的消息通信、可移植、依赖更少的优点。

专门为自动驾驶设计。CyberRT 是默认的开源实时框架，具有为自动驾驶搭建的专用模块。

目前，百度公司已将 CyberRT 开源，国内外很多自动驾驶团队使用 CyberRT 作为中间件。CyberRT、AUTOSAR AP、ROS 2 在市场上都有厂商在使用。

2. 技能操作

（1）操作准备

准备技能操作所需的物料，见表 7-2。

表 7-2　物料准备

类别	所需物料
教学整车 / 实训平台	计算平台实训台架
仪器、设备、工具	操作系统手册、计算平台技术手册

（2）安装任务确认

明确安装任务的工作内容，写出中间件的作用，绘制计算平台系统架构简图并重点标记出中间件，将工作内容记录在表 7-3 中。

表 7-3　工作记录表

序号	项目	内容
1	中间件的作用	
2	计算平台系统架构图	

（3）中间件软件参数记录

根据计算平台技术手册与操作系统手册，查询中间件软件参数，将工作内容记录在表 7-4 中。

表 7-4　工作记录表

序号	项目	内容	备注
1	中间件的类别	AUTOSAR □　ROS 2 □　CyberRT □ 其他：	
2	软件名称		
3	发布版本号		
4	所需操作系统	当前操作系统是否满足要求 □是　□否	
5	软件特点		

二、ROS 系统的安装与卸载方法

1. 知识学习

（1）ROS 的安装方法

ROS 系统的安装分为六步，如图 7-3 所示。

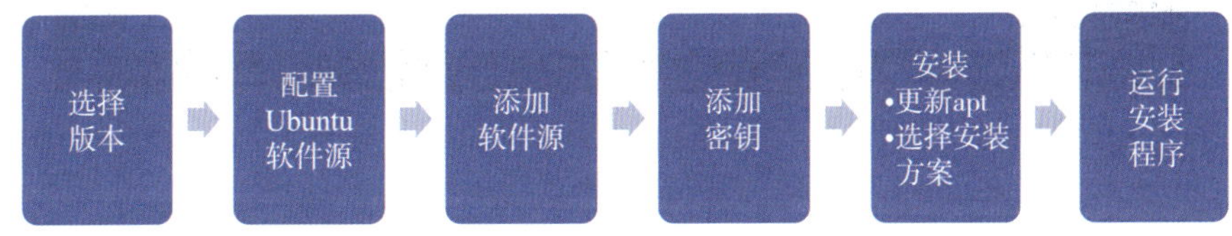

图 7-3　ROS 系统的安装方法

下面以 ROS Melodic Morenia 版本的安装过程为例，介绍具体的安装方法。

1）选择版本

ROS 与 Ubuntu 系统在版本上有对应关系，因此，安装前应查阅 Ubuntu 版本号，然后在后续安装中选择对应版本的 ROS。版本对应关系见表 7-5。

表 7-5　版本对应关系

序号	Ubuntu	ROS 对应版本	
		ROS 1.0	ROS 2.0
1	16.04 LTS	Kinetic LTS	Ardent
2	18.04 LTS	Melodic LTS	Dashing LTS
3	20.04 LTS	Noetic LTS	Foxy LTS
4	22.04 LTS	Noetic Ninjemys	Humble Hawksbill

2）配置 Ubuntu 软件源

Ubuntu 系统将可从互联网下载并安装的软件分为四类，分别是 Canonical 支持的免费和开源软件（main）、社区维护的免费和开源软件（universe）、设备的专有驱动（restricted）、有版权和合法性问题的软件（multiverse）。

需对 Ubuntu 系统进行软件源方面配置，解除系统对软件来源的限制。具体做法是通过 Ubuntu “搜索”按钮搜索并打开“软件和更新”对话框，或者打开“设置”，点选“软件和更新”。

打开后按照图 7–4 所示进行配置，勾选“main”“universe”“restricted”“multiverse”全部四项。

图 7–4 Ubuntu 配置示意图

3）添加软件源

添加软件源步骤又被称为设置 sources.list。Ubuntu 系统中有一个 sources.list 文件，这是一个普通可编辑的文本文件，保存了 Ubuntu 软件更新的源服务器的地址。文件的存放目录是 /etc/apt/sources.list。

/etc/apt/sources.list.d/.list 代表一个文件名。sources.list.d 目录下的 *.list 文件用以在安装第三方软件时在单独文件中写入源的地址。此步骤需要把 ROS 的软件源地址添加到该文件夹中，以确保安装的时候能找到准确的软件地址。

具体做法是先打开一个终端（通过按 Ctrl+Alt+T 组合快捷键），然后在终端中敲入如下含有安装软件源信息的指令，然后按回车键执行。

一般可用的有官方默认的安装源、国内清华大学的安装源与中国科学技术大学的安装源。例如，以下命令行是中国科学技术大学安装源的相关指令。

```
sudo sh-c'. /etc/lsb-release && echo "deb http://mirrors.ustc.edu.cn/ros/ubuntu/ `lsb_release-cs` main" > /etc/apt/sources.list.d/ros-latest.list'
```

可以看到，http://mirrors.ustc.edu.cn/ros/ubuntu/ 网址链接来自中国科学技术大学（ustc 为中国科学技术大学的英文缩写）。

其他软件源的指令在此部分是不同的，来自清华大学的软件源命令行如下：

```
sudo sh -c '. /etc/lsb-release && echo "deb http://mirrors.tuna.tsinghua.edu.cn/ros/ubuntu/ `lsb_release -cs` main" > /etc/apt/sources.list.d/ros-latest.list'
```

操作显示结果如图 7-5 所示。

```
master@ubuntu: ~
File Edit View Search Terminal Help
master@ubuntu:~$ sudo sh -c 'echo "deb http://packages.ros.org/ros/ubuntu $(lsb_
release -sc) main" > /etc/apt/sources.list.d/ros-latest.list'
[sudo] password for master:
```

图 7-5　添加软件源步骤操作结果

4）添加密钥

ROS 相对于 Ubuntu 系统而言属于第三方软件，因此，需要在安装前输入密钥指令。

密钥指令一般为：

```
sudo apt-key adv--keyserver 'hkp://keyserver.ubuntu.com: 80' --recv-key C1CF6E31E6BADE8868B172B4F42ED6FBAB17C654
```

输入密钥后的界面如图 7-6 所示。

图 7-6　输入密钥后显示界面

5）安装

①更新 apt。apt 是用于从互联网仓库搜索、安装、升级、卸载软件或操作系统的工具。

在窗口中输入以下指令以更新 apt：

```
sudo apt update
```

②选择安装方案。ROS 功能丰富，有很多不同的库和工具，类似于 MS Office 办公软件，有 Word、Excel 等工具模块，可按需要进行安装。ROS 官方给安装者提供了四个选项，分别为桌面完整版（desktop-full）、桌面版（desktop）、ROS 基础包（ROS-base）和单独安装软件包，详细信息见表 7-6，注意此表中

指令是以 ROS Melodic Morenia 版本进行举例的，具体操作时需替换为实际版本信息。

表 7-6　套件方案对比

序号	方案名	内容	指令
1	桌面完整版（desktop-full）	包含 ROS、rqt、rviz、机器人通用库、2D/3D 模拟器、导航以及 2D/3D 感知包	sudo apt install ros-melodic-desktop-full
2	桌面版（desktop）	包含 ROS、rqt、rviz、机器人通用库	sudo apt install ros-melodic-desktop
3	ROS 基础包（ROS-base）	仅包含 ROS 包，没有图形化工具，适合安装于算力资源比较紧张的嵌入式设备	sudo apt install ros-melodic-ros-base
4	单独安装软件包	安装某个指定的 ROS 软件包	指令形式为： sudo apt install ros-melodic-PACKAGE 具体安装时使用软件包的名称替换掉上面的 PACKAGE。例如，安装 gmapping 这个 SLAM 算法包，指令为： sudo apt install ros-melodic-slam-gmapping

6）运行安装程序

确定安装方案后，在终端输入指令。

成功安装后的界面如图 7-7 所示。

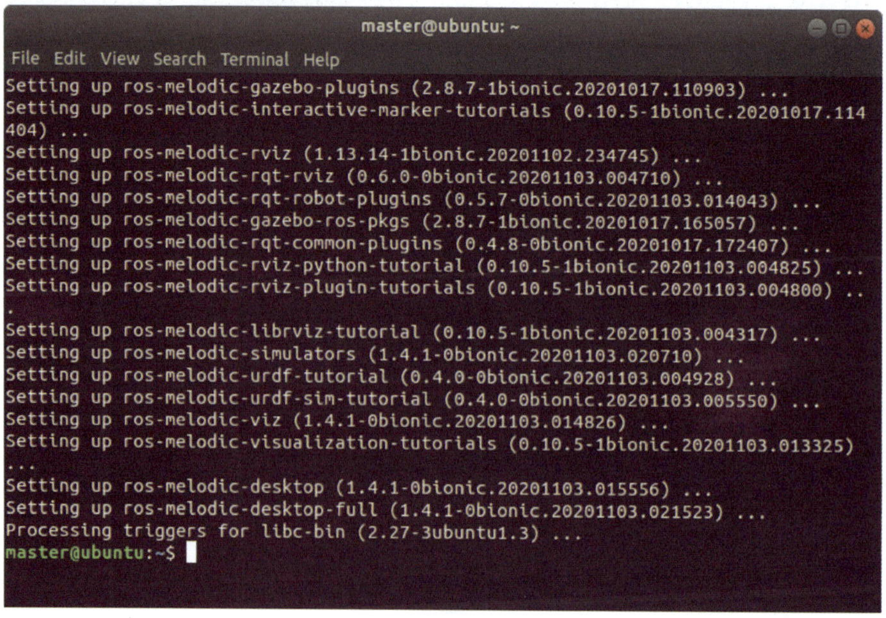

```
master@ubuntu: ~
File Edit View Search Terminal Help
Setting up ros-melodic-gazebo-plugins (2.8.7-1bionic.20201017.110903) ...
Setting up ros-melodic-interactive-marker-tutorials (0.10.5-1bionic.20201017.114
404) ...
Setting up ros-melodic-rviz (1.13.14-1bionic.20201102.234745) ...
Setting up ros-melodic-rqt-rviz (0.6.0-0bionic.20201103.004710) ...
Setting up ros-melodic-rqt-robot-plugins (0.5.7-0bionic.20201103.014043) ...
Setting up ros-melodic-gazebo-ros-pkgs (2.8.7-1bionic.20201017.165057) ...
Setting up ros-melodic-rqt-common-plugins (0.4.8-0bionic.20201017.172407) ...
Setting up ros-melodic-rviz-python-tutorial (0.10.5-1bionic.20201103.004825) ...
Setting up ros-melodic-rviz-plugin-tutorials (0.10.5-1bionic.20201103.004800) ..
.
Setting up ros-melodic-librviz-tutorial (0.10.5-1bionic.20201103.004317) ...
Setting up ros-melodic-simulators (1.4.1-0bionic.20201103.020710) ...
Setting up ros-melodic-urdf-tutorial (0.4.0-0bionic.20201103.004928) ...
Setting up ros-melodic-urdf-sim-tutorial (0.4.0-0bionic.20201103.005550) ...
Setting up ros-melodic-viz (1.4.1-0bionic.20201103.014826) ...
Setting up ros-melodic-visualization-tutorials (0.10.5-1bionic.20201103.013325)
...
Setting up ros-melodic-desktop (1.4.1-0bionic.20201103.015556) ...
Setting up ros-melodic-desktop-full (1.4.1-0bionic.20201103.021523) ...
Processing triggers for libc-bin (2.27-3ubuntu1.3) ...
master@ubuntu:~$
```

图 7-7　成功安装后的界面

7）注意事项

在安装过程中，如果系统发出提示询问，内容为预估安装占用空间，询问是否继续，输入“Y”，表示同意并继续安装。

安装全程需保持网络状态良好，由于网络原因而连接超时可能会导致安装失败，界面会出现图 7-8 所示画面。需尝试再次重复“更新 apt”和安装命令直至成功。

```
错误:321 http://cn.archive.ubuntu.com/ubuntu focal/main amd64 libfreetype-dev amd64 2.10.1-2
  504  Gateway Timeout [IP: 117.128.6.16 80]

错误:522 http://cn.archive.ubuntu.com/ubuntu focal/main amd64 libpcre32-3 amd64 2:8.39-12build1
  无法发起与 cn.archive.ubuntu.com:80 (2001:67c:1562::18) 的连接 - connect (101: 网络不可达) 无法发起与

E: 无法下载 http://cn.archive.ubuntu.com/ubuntu/pool/universe/libv/libva/va-driver-all_2.7.0-2_amd64.de
  的连接 - connect (101: 网络不可达) 无法发起与 cn.archive.ubuntu.com:80 (2001:67c:1562::15) 的连接 - co
E: 无法下载 http://cn.archive.ubuntu.com/ubuntu/pool/main/libv/libvdpau/vdpau-driver-all_1.3-1ubuntu2_a
62::18) 的连接 - connect (101: 网络不可达) 无法发起与 cn.archive.ubuntu.com:80 (2001:67c:1562::15) 的连
E: 无法下载 http://cn.archive.ubuntu.com/ubuntu/pool/universe/p/proj/proj-bin_6.3.1-1_amd64.deb  无法发
  connect (101: 网络不可达) 无法发起与 cn.archive.ubuntu.com:80 (2001:67c:1562::15) 的连接 - connect (10
E: 有几个软件包无法下载，要不运行 apt-get update 或者加上 --fix-missing 的选项再试试?
```

图 7-8　ROS 安装失败提示画面（举例）

（2）ROS 卸载

如果需要卸载 ROS，以 ROS Melodic Morenia 版本为例，在终端输入以下指令即可。

```
sudo apt remove ros-melodic-*
```

2. 技能操作

（1）操作准备

准备技能操作所需的物料，见表 7-7。

表 7-7　物料准备

类别	所需物料
教学整车 / 实训平台	计算平台实训台架
仪器、设备、工具	操作系统手册、计算平台技术手册

（2）ROS 系统安装

明确安装任务内容，写出中间件的作用，绘制计算平台系统架构简图并重点标记出中间件，将工作内容记录在表 7-8 中。

表 7-8　工作记录表

序号	工作项	项目	内容	备注
1	选择版本	操作系统版本		
		计划安装的 ROS 版本		
		是否匹配	□是　□否	

续表

序号	工作项	项目	内容	备注
2	配置操作系统软件源	是否打开“软件和更新”对话框	□是 □否	
		勾选的项目名称		
3	添加软件源	软件源链接来源单位		
		指令		
		是否添加成功	□是 □否	
4	添加密钥	指令		
		是否正确输入密钥	□是 □否	
5	安装	是否完成 apt 更新		
		安装方案	桌面完整版（desktop-full） □ 桌面版（desktop） □ ROS 基础包（ROS-base） □ 单独安装 □	
6	安装过程情况	是否询问安装空间问题	□是 □否	
		安装过程中是否出现网络问题	□是 □否	
7	工作成果	是否安装成功	□是 □否	

检查评估

对本任务的学习情况进行检查，并将相关内容填写在表 7-9 中。

表 7-9　检查表

检查项目	检查结果	结果点评
中间件的认知		
是否能准确向人描述中间件的作用	是□ 否□	
是否能分清任务所要求安装的中间件属于哪种产品	是□ 否□	
是否能正确找到中间件版本	是□ 否□	
ROS 安装		
是否能读取安装源代码中来源相关部分的含义	是□ 否□	
是否能说明各安装方案的不同内容	是□ 否□	

续表

检查项目	检查结果	结果点评
ROS 系统安装任务是否完成	是□　否□	
整理及恢复		
工具、设备是否整理恢复	是□　否□	
实训工位是否打扫干净	是□　否□	
工作页是否填写完整	是□　否□	

任务小结

本任务小结如图 7–9 所示。

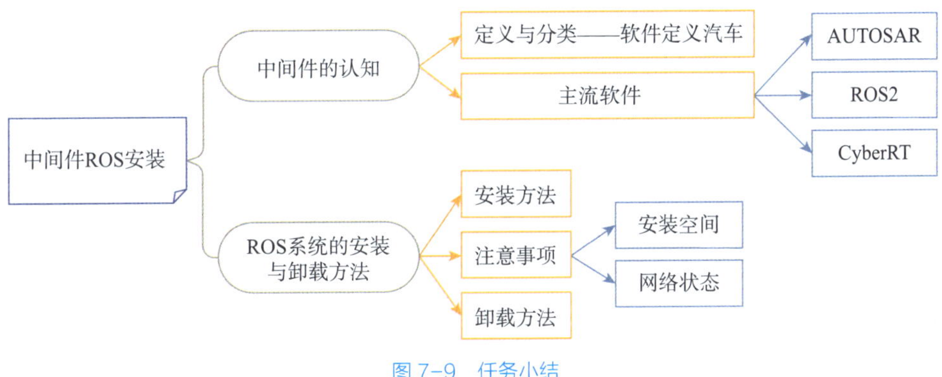

图 7–9　任务小结

任务八 中间件 ROS 配置与测试

任务导入

场景：某国产自主品牌汽车试制车间。

人物：装调技师刘师傅、实习技师小张。

情境：实习技师小张顺利完成了中间件的安装任务，接下来刘师傅将带领小张进行中间件的系统配置与测试，刘师傅嘱咐小张，不仅要掌握中间件的基本通信机制，还应争取掌握中间件在其他方面的强大功能。那么，请你和小张一起开始学习吧。

任务目标

- 能根据操作系统手册与计算平台技术手册，规范地完成中间件 ROS 系统配置。
- 能根据操作系统手册与计算平台技术手册，规范地完成中间件 ROS 通信测试与仿真测试。

任务实施

一、ROS 系统配置

1. 知识学习

（1）ROS 的组成

ROS 的基本功能是作为中间件为机器人和汽车自动驾驶软件提供通信和资源管理服务，在此基础上，ROS 由通信机制、开发工具、应用功能与生态系统四大部分组成，如图 8-1 所示。

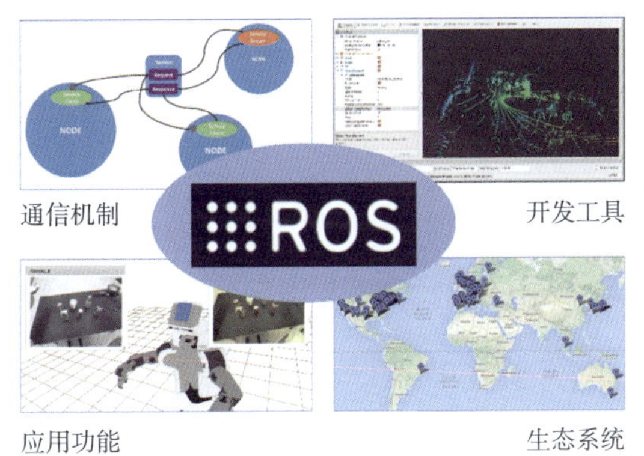

图 8-1　ROS 的四大组成部分

1）ROS 通信机制

ROS 通信机制可以被简单地比喻为“一栋建筑物内部的供水管道”，以实现不同程序或应用之间的信息和数据传递。

基本的 ROS 即 ROS 1 的核心是点对点的分布式通信机制，基于 TCP/IP 的通信方式实现模块间点对点的松耦合连接，可以执行若干种类型的通信，包括基于话题（topic）的异步数据流通信、基于服务（service）的同步数据流通信，还有参数服务器上的数据存储等。在自动驾驶领域大规模应用方面，ROS 的实时性、稳定性、兼容性因其通信机制受到限制，ROS 2 采用 DDS 的通信方式来提高通信的实时性，百度 Apollo 平台等产品也在 ROS 1 基础上进行改进。

2）ROS 开发工具

ROS 开发工具分为原生工具、编译与测试工具和第三方工具三类。

ROS 原生工具是 ROS 系统开发人员编写的开发用软件，如工程管理工具 catkin、可视化工具 rviz、qt 工具箱、命令行工具等，如图 8-2 所示。编译和测试工具是基于已有工具进一步的包装，例如 rosbag 用于记录和回放数据，为统一的时间戳 rostime 的工具。第三方工具是其他科技公司基于其成熟工具软件利用插件或接口与 ROS 进行系统兼容的工具。

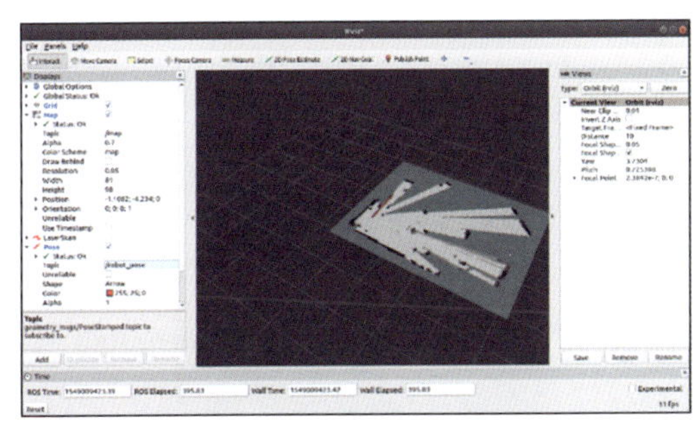

a）

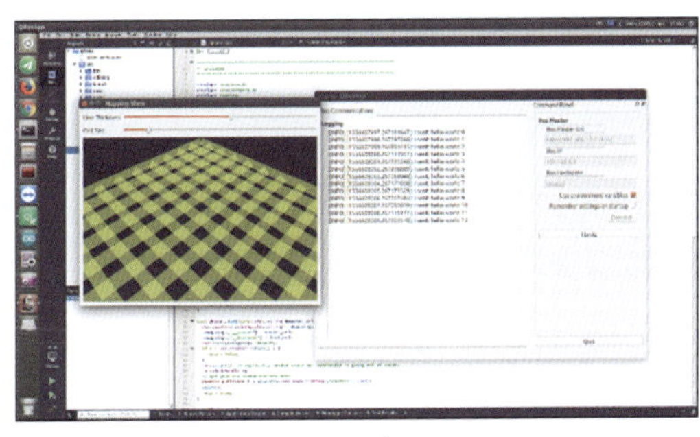

b）

图 8-2　ROS 常用原生开发工具示例
a）rviz 操作界面　b）qt 操作界面

情境二

3）ROS 应用功能

ROS 拥有众多的现成应用模块，便于使用者直接采用以节省开发时间，其中包括底层驱动类、上层功能类、控制模块类、常用组件类四大类。

底层驱动类包括众多传感器、执行器的驱动，常用硬件与 ROS 匹配的驱动功能包可在专门的网站下载获得。上层功能类包括导航、环境感知、语音识别等。控制模块类包括控制器、硬件资源、控制器管理器。常用组件类包括 TF、URDF、Message 等。

4）ROS 生态系统

ROS 生态系统主要由社区和标准两部分构成。在社区方面，ROS 在全球范围内拥有数量庞大的技术社群，在国内外各类技术平台上都可以获取 ROS 的相关文件和代码资源，相关网站包括 https://wiki.ros.org/cn 等。

在标准方面，ROS 所使用的消息已经成为成熟标准。基础消息是 std_msgs，包括 String、Header、Time 都比较常用。sensor_msgs 是封装的各种传感器消息，包括 Image、Range、Imu、PointCloud 等常见的传感器都有通用的格式。geometry_msgs 是各种各样的几何消息，包括 Point、Pose、Transform 和 Quaternion。nav_msgs 是指 SLAM 消息，目前主要是室内的 SLAM，包括 Odometry、Path、OccupancyGrid 等。diagnostic_msgs 则是诊断内部各个硬件状态的消息。

（2）系统配置

ROS 系统配置工作的主要内容包括设置环境变量、安装常用命令行工具和依赖、初始化 rosdep 和安装检验四项。

1）设置环境变量

ROS 的默认安装路径为 /opt/ros，系统默认的可执行程序大多存放在 usr/bin 目录中，工作中需要在终端频繁使用 ROS 相关的命令，为了能方便找到 ROS 命令所在的位置，需要对 ROS 的环境变量进行设置，以 ROS Melodic Morenia 版本为例，环境变量设置所用指令示例如下：

```
echo "source /opt/ros/melodic/setup.bash">> ~/.bashrc
source ~/.bashrc
```

操作界面如图 8-3 所示。

2）安装常用命令行工具和依赖

在安装运行核心 ROS 软件包的基础上，需进一步安装常用的命令行工具和其他一些依赖。

命令行工具（command-line tools）是可以为工作提供极大便利的软件包，例如，rosinstall 可供操作者仅使用简单的一行代码下载很多源代码树（source tree）。

依赖（dependencies）指的是一个 ROS 软件包所依赖的其他 ROS 软件包。这些依赖关系描述了 ROS 软件包之间的相互关系，其中一个软件包可能需要其他软件包提供的一些功能或服务才能正常运行。依赖关系是 ROS 软件包的重要组成部分，它可以帮助 ROS 系统自动处理软件包之间的依赖关系，从而简化软件包的安装、编译和运行过程。每个 ROS 软件包都需要在其 CMakeLists.txt 文件中指定它所依赖的其他软件包。

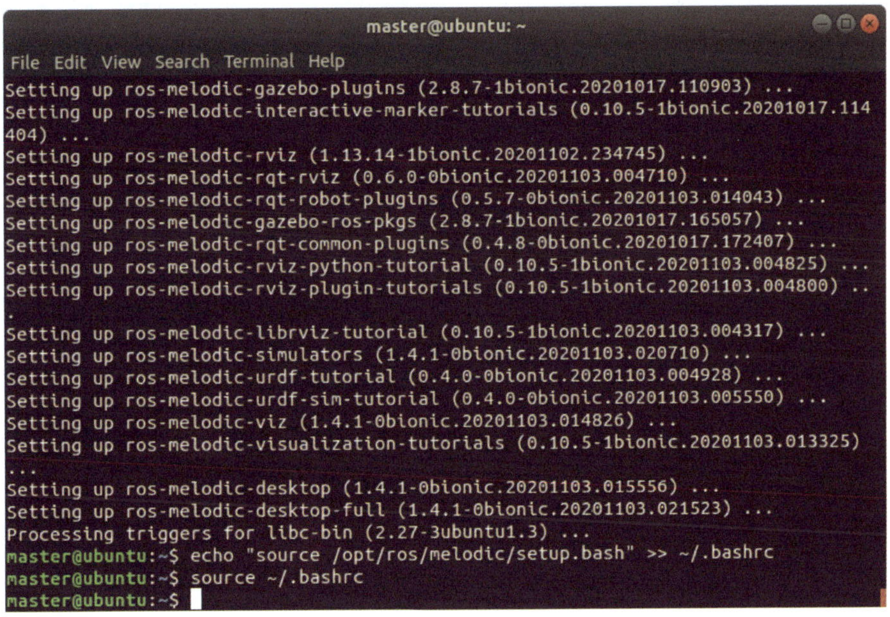

```
master@ubuntu: ~
File Edit View Search Terminal Help
Setting up ros-melodic-gazebo-plugins (2.8.7-1bionic.20201017.110903) ...
Setting up ros-melodic-interactive-marker-tutorials (0.10.5-1bionic.20201017.114
404) ...
Setting up ros-melodic-rviz (1.13.14-1bionic.20201102.234745) ...
Setting up ros-melodic-rqt-rviz (0.6.0-0bionic.20201103.004710) ...
Setting up ros-melodic-rqt-robot-plugins (0.5.7-0bionic.20201103.014043) ...
Setting up ros-melodic-gazebo-ros-pkgs (2.8.7-1bionic.20201017.165057) ...
Setting up ros-melodic-rqt-common-plugins (0.4.8-0bionic.20201017.172407) ...
Setting up ros-melodic-rviz-python-tutorial (0.10.5-1bionic.20201103.004825) ...
Setting up ros-melodic-rviz-plugin-tutorials (0.10.5-1bionic.20201103.004800) ..
.
Setting up ros-melodic-librviz-tutorial (0.10.5-1bionic.20201103.004317) ...
Setting up ros-melodic-simulators (1.4.1-0bionic.20201103.020710) ...
Setting up ros-melodic-urdf-tutorial (0.4.0-0bionic.20201103.004928) ...
Setting up ros-melodic-urdf-sim-tutorial (0.4.0-0bionic.20201103.005550) ...
Setting up ros-melodic-viz (1.4.1-0bionic.20201103.014826) ...
Setting up ros-melodic-visualization-tutorials (0.10.5-1bionic.20201103.013325)
...
Setting up ros-melodic-desktop (1.4.1-0bionic.20201103.015556) ...
Setting up ros-melodic-desktop-full (1.4.1-0bionic.20201103.021523) ...
Processing triggers for libc-bin (2.27-3ubuntu1.3) ...
master@ubuntu:~$ echo "source /opt/ros/melodic/setup.bash" >> ~/.bashrc
master@ubuntu:~$ source ~/.bashrc
master@ubuntu:~$
```

图 8-3　设置环境变量操作界面

打开终端输入以下命令。

```
sudo apt install python3-rosdep python3-rosinstall python3-rosinstall-generator python3-wstool build-essential
```

3）初始化 rosdep

在使用 ROS 工具之前，需要先初始化 rosdep。当工作中需要编译代码或者使用 ROS 的某些核心组件时，rosdep 可以很容易地帮助操作者安装相关的依赖，在终端输入以下指令。

```
sudo apt install python-rosdep
sudo rosdep init
rosdep update
```

4）安装检验

为了验证 ROS 安装后能否正常运行，需对系统进行安装检验。roscore 是 ROS 的系统先决条件节点和程序的集合，必须运行 roscore 才能使用 ROS 节点进行通信。roscore 将启动以下三项：ros master、ros 参数服务器、rosout 日志节点。

在终端输入以下指令，正常情况下的系统状态如图 8-4 所示。

```
roscore
```

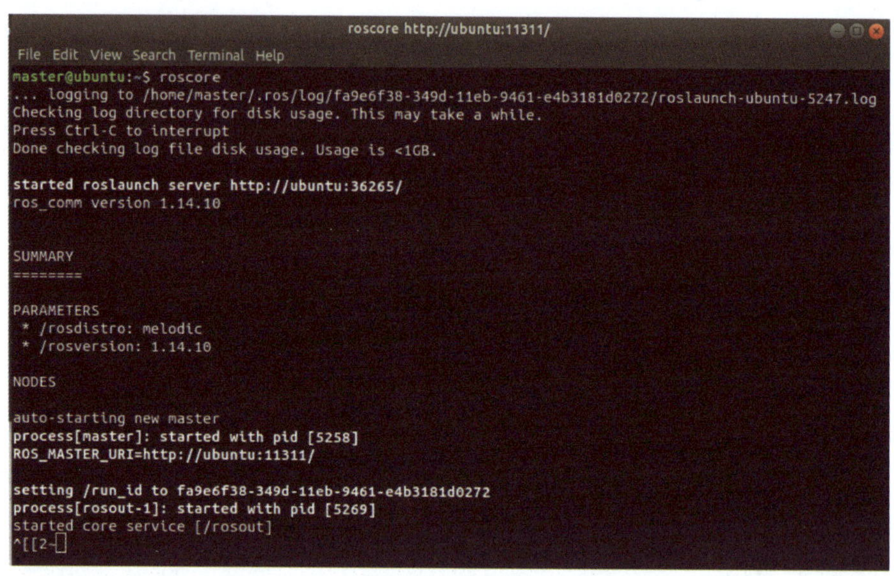

图 8-4 安装检验结果（正常情况下的系统状态）

2. 技能操作

（1）操作准备

准备技能操作所需的物料，见表 8-1。

表 8-1 物料准备

类别	所需物料
教学整车 / 实训平台	计算平台实训台架
仪器、设备、工具	操作系统手册

（2）系统配置 ROS 系统

使用操作系统手册对 ROS 系统进行系统配置，将工作内容记录在表 8-2 中。

表 8-2 工作记录表

序号	工作项	项目	内容	备注
1	基本信息	操作系统版本		
		ROS 版本		
2	设置环境变量	指令		
		是否设置成功	□是 □否	
3	安装常用命令行工具和依赖	依赖的定义		
		依赖的作用		
		计划安装的命令行工具和依赖的名称		
		指令		
		是否安装成功	□是 □否	

续表

序号	工作项	项目	内容	备注
4	初始化 rosdep	指令		
		是否安装成功	□是　□否	
5	安装检验	所使用指令		
		该指令所启动项目		
		是否正确输入指令	□是　□否	
		是否完成检验工作	□是　□否	
		检验结果	□合格　□不合格	

二、ROS 系统测试

1. 知识学习

（1）理论概念及相关命令行工具

ROS 是硬件抽象、设备驱动、库函数、可视化、进程间消息传递和软件包管理等一系列程序库和工具的集合，工作机制中包含节点、消息、话题、服务、ROS 管理者、消息记录包等基本概念。

1）节点（node）

ROS 是一个分布式的进程框架，架构中存在若干“节点”，进程被封装在不同的程序包或功能包中。ROS 是以节点的形式开发的，节点是根据任务目的可细分、可执行程序的最小单位。一些部署和装调任务中的节点也被称为软件模块。

ROS 提供用于处理节点的工具，用于节点信息、状态、可用性等的查询操作，以下为常用的节点处理工具。

rosnode list：列出当前活动节点。

rosnode info <node_name>：输出指定节点的信息。

rosnode kill <node_name>：结束指定节点。

rosnode ping <node_name>：测试节点的网络连通性。

rosnode cleanup：将无法访问的节点的信息清除。

rosnode machine <host_name>：列出指定计算机上运行的节点。

此外，节点可视化工具 rqt_graph 可用于开发者查看一个程序中节点之间的关系，指令如下。

```
rosrun rqt_graph rqt_graph
```

2）消息（message）

消息是信息数据，节点通过消息完成沟通。消息以一种发布（Publication）/ 订阅（Subscription）的方式传递，一个或多个节点可以在一个给定的话题中发布消息，多个节点可以订阅同一个话题。

ROS 提供的获取消息的命令工具有以下几种。

rosmsg list：列出所有消息。

rosmsg show <message_type>：显示指定的消息。

rosmsg users <message_type>：搜索使用该消息的代码文件。

rosmsg package <package_name>：列出功能包的所有消息。

3）话题（topic）

每个消息都必须发布到相应的话题，通过话题实现 ROS 计算图网络中的路由转发，如图 8-5 所示。同一个话题可以有多个订阅者，也可以有多个发布者，且发布者和订阅者定义的消息类型必须与话题的消息类型相匹配。通过话题进行消息路由，不需要节点之间直接连接，发布节点和订阅节点之间不需要有关联，实现了发布节点与订阅节点之间的解耦。

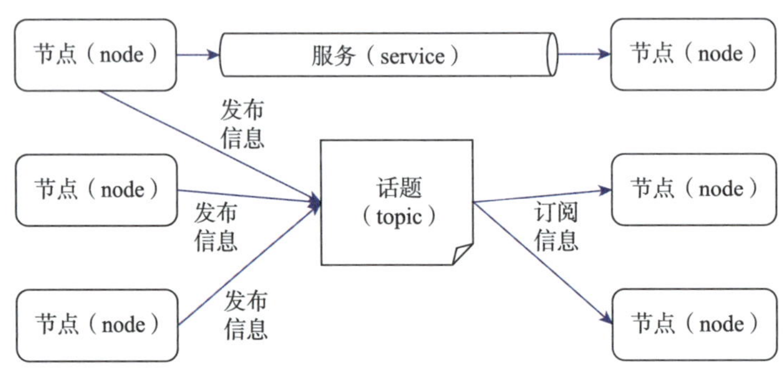

图 8-5　话题在计算图网络中的作用

ROS 提供的操作话题的命令工具主要有以下几种。

rostopic list：列出当前活动话题。

rostopic info <topic_name>：输出话题的信息。

rostopic echo <topic_name>：显示话题中的消息数据。

rostopic hz <topic_name>：显示话题的发布频率。

rostopic bw <topic_name>：显示话题所使用的带宽。

rostopic type <topic_name>：输出话题发布的消息类型。

rostopic find <message_type>：按照消息类型查找话题。

4）服务（service）

ROS 中的服务是一种同时使用请求和响应的一对一消息交换机制。服务通常被用作请求智能设备执行特定操作时使用的命令，或者用于根据特定条件需要产生事件的节点。

不同于基于话题发布 / 订阅的异步通信方法，服务是同步消息交换机制。一个服务被分成服务服务器和服务客户端，其中服务器只在有请求（request）的时候才响应（response），而服务客户端会在发送请求后接收响应。

另外一个与话题不同的点是，服务是一次性消息通信。当服务的请求和响应完成时，两个连接的节点将被断开。由于服务是一次性的通信方式，在网络上的负载很小，所以它也被用来代替基于话题发布 / 订阅的通信手段。

5）ROS 管理者（ROS master）

ROS 管理者又称 ROS 控制器，其位于节点之上，管控所有节点的正常工作，具体功能包括节点的名称注册、查找、设置节点间的通信等。ROS 管理者通过远程过程调用（remote procedure call protocol，RPC）的方式提供登记列表（registration）、对其他节点 / 话题的查找。ROS 管理者与节点的关系如图 8–6 所示。

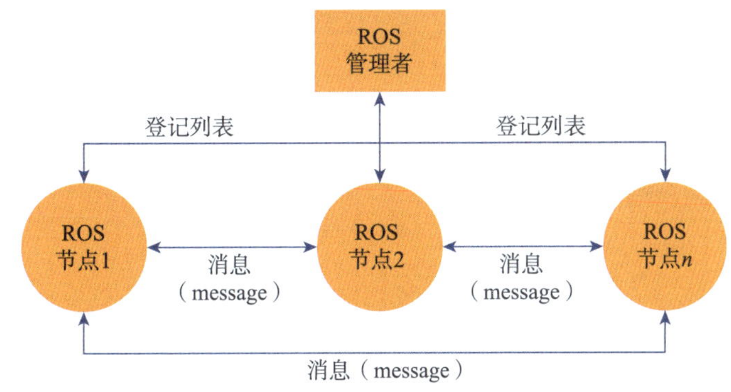

图 8–6　ROS 管理者与节点的关系

节点管理器相关的命令行工具是 roscore。

roscore：启动节点管理器，加载 ROS 节点管理器和其他 ROS 核心组件。

6）消息记录包（bag）

消息记录包（bag）是一种用于保存和回放 ROS 消息数据的文件格式，也是用于存储数据的重要机制。它可以帮助记录一些难以收集的传感器数据，然后通过反复回放数据进行算法的性能开发和测试。

ROS 创建的消息记录包文件以“.bag”为扩展名，可以播放、停止、后退操作该文件，以便于算法调试。

ROS 提供的消息记录包相关的命令行工具如下。

rosbag info <bag_file>：显示数据包的信息。

rosbag record <topic_name>：记录指定的 topic。

rosbag record –a：记录所有的 topic。

rosbag play ––clock*.bag：回放包的内容。

7）示例

综合以上概念可知，ROS 中最小的进程单元是节点（node），节点之间通过话题（topic）传递信息（message）。例如，表示智能网联汽车摄像头图像信息处理的 ROS 计算图网络可简化为图 8–7 所示。相机节点（camera node）从摄像头获取数据，图像处理节点（image processing node）向相机节点请求数据，相机节点作为回馈向图像处理节点发送图像数据的“信息”。ROS 管理者（ROS master）控制和监控两个节点的状态。

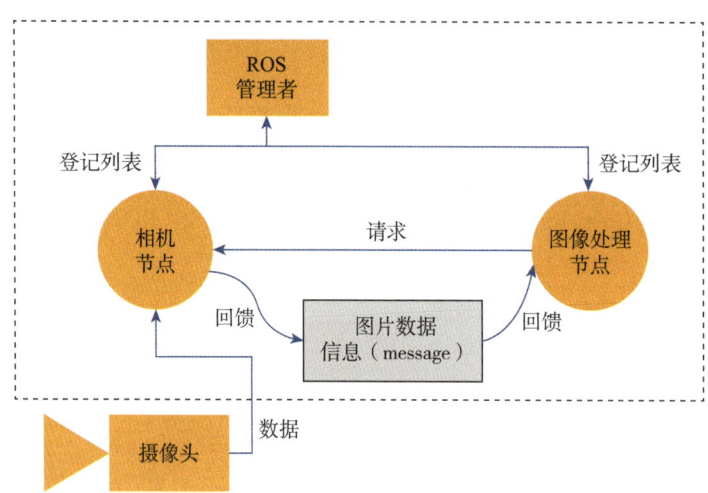

图 8-7　摄像头数据处理

（2）ROS 通信机制

ROS 常用的通信机制有话题通信与服务通信两种。此外，ROS 系统还利用参数服务器进行数据共享。

1）话题（topic）通信

话题通信基于发布订阅模式，即一个节点发布消息，另一个节点订阅该消息。话题通信是 ROS 中使用频率最高的一种通信模式。

话题通信适用于不断更新的数据传输相关的应用场景。例如，智能网联汽车在执行导航功能时使用的传感器是激光雷达，自动驾驶系统会采集激光雷达感知到的信息，计算后生成运动控制信息驱动底盘运动。在该场景中，ROS 中有一个节点需要时刻发布当前雷达采集到的数据，导航模块中也有节点会订阅并解析雷达数据。再以运动消息的发布为例，导航模块会根据传感器采集的数据实时地计算出运动控制信息并发布给底盘，底盘也有一个节点订阅运动信息并最终转换成控制电机的脉冲信号。

在话题通信实现模型中，在 ROS master（管理者）的管理下，talker 的角色是发布者，listener 的角色是订阅者。

机制是 ROS master 负责保管 talker 和 listener 注册的信息，并匹配话题相同的 talker 与 listener，帮助 talker 与 listener 建立连接。连接建立后，talker 发布消息，且发布的消息会被 listener 订阅。话题通信过程如图 8-8 所示。

2）服务通信

话题通信的信息流只能由发布者流向接收者，而且节点之间的通信是有延迟的，并不同步。针对这两个缺陷，服务通信则满足了双向同步的通信，这种通信只允许有一个服务器，客户端可以有多个，服务器和客户端之间双向同步通信，采取请求和应答的模式进行通信。

图 8-8　话题通信过程

服务通信是基于请求响应模式的通信模式。服务通信采用应答机制，即一个节点 A 向另一个节点 B 发送请求，B 接收处理请求并产生响应结果返回给 A。

服务通信更适用于对实时性有要求、具有一定逻辑处理能力的场景中。例如，智能网联汽车进行盲区检测时，控制系统分析传感器数据，在发现车辆周边出现可能发生碰撞的物体或人员时，此时需要线控底盘进行紧急制动。上述场景使用服务通信机制，过程为一个节点需要向底盘节点发送制动请求，底盘节点处理制动请求并返回处理结果。

在服务通信实现模型中，在 ROS master（管理者）的管理下，talker 的角色是服务端（server），listener 的角色是客户端（client）。

ROS master 负责保管 talker 和 listener 注册的信息，并匹配话题相同的 talker 和 listener，帮助两者建立连接。连接建立后，listener 发送请求信息，talker 返回响应信息。服务通信过程如图 8-9 所示。

图 8-9　服务通信过程

话题通信与服务通信的对比见表 8-3。

表 8-3　话题通信与服务通信的对比

类别	话题	服务
同步性	异步	同步
通信模型	发布 / 订阅	服务器 / 客户端
底层协议	ROSTCP/ROSUDP	ROSTCP/ROSUDP
反馈机制	无	有
缓冲区	有	无
实时性	弱	强
节点关系	多对多	一对多（一个 server）
适用场景	数据传输	逻辑处理

情境二

3）参数服务器（parameter server）

参数服务器在 ROS 中用于实现不同节点之间的数据共享。参数服务器是独立于所有节点的一个公共容器，系统将数据存储在该容器中，被不同的节点调用，同时不同节点也可以向其中存储数据。

参数服务器一般适用于存在数据共享的一些应用场景。例如，智能网联汽车进行自动驾驶导航时系统开始路径规划，首先进行全局路径规划，计算出一个从出发点到目标点的最优路径。接下来进行本地路径规划，根据当前路况生成实时的行进路径。在上述场景中，全局路径规划和本地路径规划时都会使用如车辆尺寸等参数，系统将这些参数都放置在参数服务器中，便于在不同阶段的路径规划中调用。

在参数通信实现模型中，在 ROS master（管理者）的管理下，talker 的角色是参数设置者，listener 的角色是参数调用者。

机制是 ROS master 作为一个公共容器保存参数，talker 可以向容器中设置参数，listener 可以获取参数。参数服务通信过程如图 8-10 所示。

图 8-10　参数服务通信过程

（3）ROS 文件系统及相关指令

ROS 文件系统是指在硬盘上 ROS 源代码的组织形式。ROS 的文件系统可以使用 Linux 命令来操作文件。在 ROS 中为了得到更好的用户体验，ROS 专门提供了一些类似于 Linux 的命令，这些命令较之于 Linux 原生命令更为简洁、高效。ROS 文件系统常用命令见表 8-4。

表 8-4　ROS 文件系统常用命令

类别	命令	含义
增加	catkin_create_pkg 自定义包名　依赖包	创建新的 ROS 功能包
	sudo apt install ×××	安装 ROS 功能包
删除	sudo apt purge ×××	删除某个功能包
查询	rospack list	列出所有功能包
	rospack find 包名	查找某个功能包是否存在，如果存在则返回安装路径
	ros cd 包名	进入某个功能包
	ros ls 包名	列出某个功能包下的文件
	apt search ×××	搜索某个功能包
修改	rosed 包名　文件名	修改功能包文件

续表

类别	命令	含义
执行	roscore	启动 ROS
	rosrun 包名　可执行文件名	运行指定的 ROS 节点
	roslaunch 包名　launch 文件名	执行某个包下的 launch 文件

（4）ROS 集成开发环境

集成开发环境（integrated development environment，IDE）是为程序开发提供便利的应用程序，通常包括代码编辑器、编译器、调试器和图形用户界面等工具，集成了代码编写、分析、编译、调试等功能，提供一体化的开发软件服务套件。

ROS 集成开发环境的工具主要包括 VSCode 等。VSCode 全称 Visual Studio Code，是一款轻量级代码编辑器，免费、开源而且功能强大。它支持几乎所有主流的程序语言的语法高亮、智能代码补全、自定义热键、括号匹配、代码片段、代码对比 Diff、GIT 等特性，支持插件扩展，并针对网页开发和云端应用开发做了优化。软件跨平台支持 Win、Mac 以及 Linux 系统。

（5）ROS 工作空间及功能包创建

ROS 中所使用的编程语言主要是 C++ 和 Python。两种编程语言的特点是 C++ 运行效率高但是编码效率低，而 Python 则反之，基于二者互补的特点，ROS 设计者分别设计了 roscpp 与 rospy 库，前者旨在成为 ROS 的高性能库，而后者则一般用于对性能无要求的场景，旨在提高开发效率。

ROS 中的程序实现流程如图 8-11 所示。

图 8-11　ROS 中的程序实现流程

（6）ROS 测试

1）通信测试

进行通信测试的通常做法是分别建立 talker 和 listener 程序，查看信息传递情况。

以 ROS 2 通信测试为例，ROS 2 相关任务一般需要对底层通信系统 DDS 进行检查。测试方法如下。

第一步，启动一个终端并通过命令新建一个数据的发布者节点，指令如下。

```
ros2 run demo nodes cpp talker
```

终端显示如图 8-12 所示。

```
ppqppl@Ubuntu-ppqppl: ~/Desktop
[INFO] [1672853024.486148945] [talker]: Publishing: 'Hello World: 12'
[INFO] [1672853025.485858694] [talker]: Publishing: 'Hello World: 13'
[INFO] [1672853026.485794472] [talker]: Publishing: 'Hello World: 14'
[INFO] [1672853027.486124574] [talker]: Publishing: 'Hello World: 15'
[INFO] [1672853028.486541938] [talker]: Publishing: 'Hello World: 16'
[INFO] [1672853029.485645158] [talker]: Publishing: 'Hello World: 17'
[INFO] [1672853030.486207971] [talker]: Publishing: 'Hello World: 18'
[INFO] [1672853031.485946263] [talker]: Publishing: 'Hello World: 19'
[INFO] [1672853032.485879792] [talker]: Publishing: 'Hello World: 20'
[INFO] [1672853033.485530411] [talker]: Publishing: 'Hello World: 21'
[INFO] [1672853034.485666711] [talker]: Publishing: 'Hello World: 22'
[INFO] [1672853035.486129940] [talker]: Publishing: 'Hello World: 23'
[INFO] [1672853036.485389441] [talker]: Publishing: 'Hello World: 24'
[INFO] [1672853037.486323321] [talker]: Publishing: 'Hello World: 25'
[INFO] [1672853038.485431324] [talker]: Publishing: 'Hello World: 26'
[INFO] [1672853039.485927748] [talker]: Publishing: 'Hello World: 27'
[INFO] [1672853040.485531264] [talker]: Publishing: 'Hello World: 28'
[INFO] [1672853041.486134480] [talker]: Publishing: 'Hello World: 29'
[INFO] [1672853042.486043584] [talker]: Publishing: 'Hello World: 30'
[INFO] [1672853043.485421063] [talker]: Publishing: 'Hello World: 31'
[INFO] [1672853044.485469219] [talker]: Publishing: 'Hello World: 32'
[INFO] [1672853045.485302959] [talker]: Publishing: 'Hello World: 33'
[INFO] [1672853046.485729970] [talker]: Publishing: 'Hello World: 34'
[INFO] [1672853047.485989759] [talker]: Publishing: 'Hello World: 35'
```

图 8-12 通信测试——新建发布者节点

第二步，在这个终端不关闭进程的情况下，打开第二个终端，通过以下命令启动一个数据的订阅者节点，指令如下。

```
ros2 run demo_nodes_py listener
```

终端显示如图 8-13 所示。

图 8-13 通信测试——启动数据订阅者节点

第三步，对比发布者与订阅者的字符串内容，如果一致表明通信正常。在本例中，“Hello World”字符串在两个终端中正常传输，该系统通信正常。

ROS 1 的通信测试方法与 ROS 2 的思路和方法、代码存在一定差异。

2）仿真测试

利用 ROS 内置小程序测试进行仿真，测试系统是否运行正常。测试方法如下。

第一步，启动三个终端，依次键入如下指令。

在终端一键入：roscore　　#启动 ros

在终端二键入：rosrun turtlesim turtlesim_node　#启动小乌龟案例节点

在终端三键入：rosrun turtlesim turtle_teleop_key　#启动小乌龟键盘控制节点

第二步，在终端三中，通过键盘的上下左右按键控制终端二中小乌龟的运动。注意，操控时光标需聚焦在键盘控制窗口，否则无法控制小乌龟运动。

第三步，检查运行情况。正常情况下，小乌龟运动在键盘操控下应准确灵活，界面如图 8-14 所示。

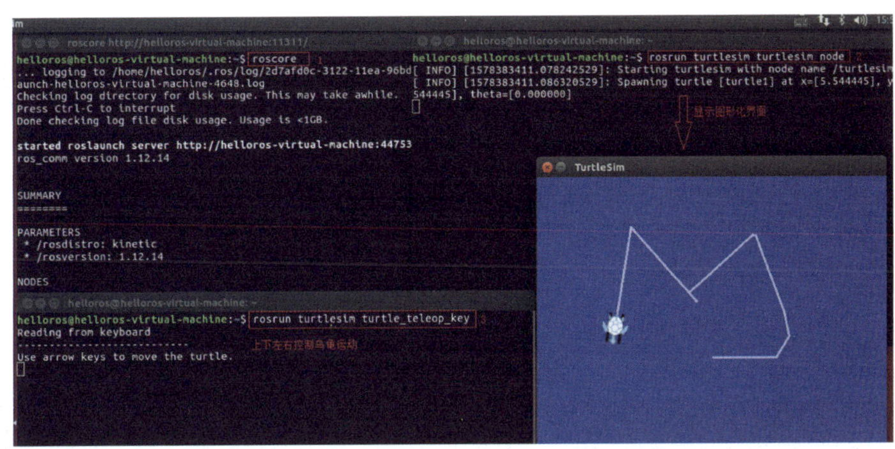

图 8-14　仿真测试界面（小乌龟测试）

第四步，使用话题查看器检查两个节点（node）之间的消息传递。在终端键入 rosrun rqt_graph rqt_graph，获得图 8-15 所示界面。为了更清楚地查看节点关系，将相关内容呈现在图 8-16 中。

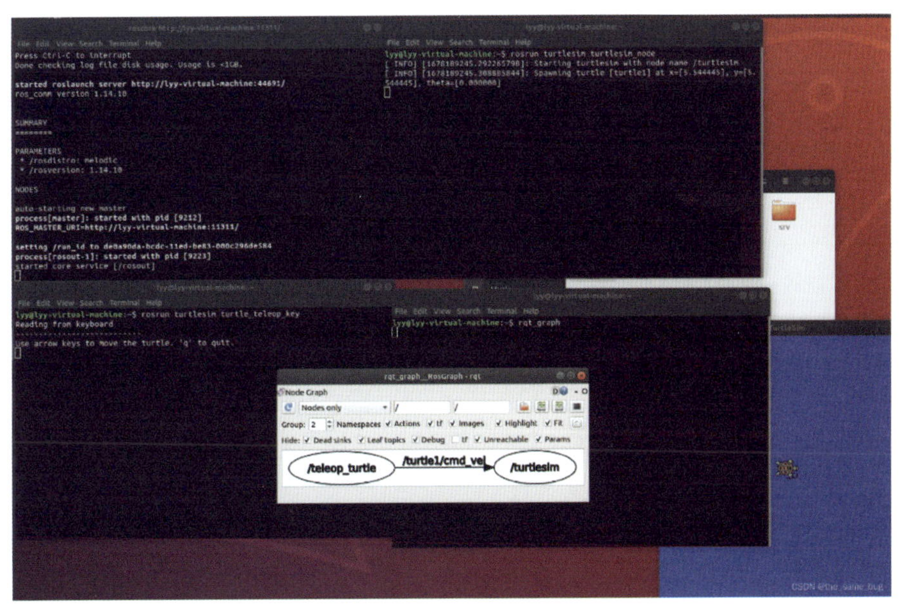

图 8-15　节点消息传递检查结果显示界面

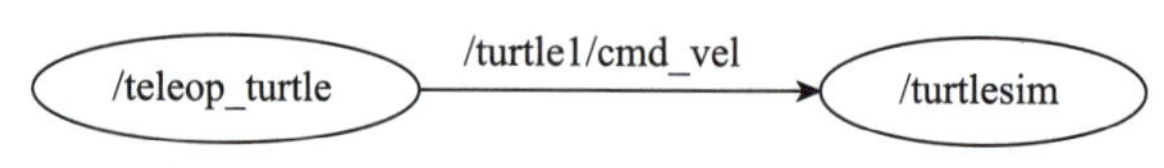

图 8-16 节点消息传递情况

如图 8-16 所示，节点 /teleop_turtle 通过话题 /turtle1/cmd_vel 给节点 /turtlesim 进行数据传递，ROS 系统工作正常。

2. 技能操作

（1）操作准备

准备技能操作所需的物料，见表 8-5。

表 8-5 物料准备

类别	所需物料
教学整车 / 实训平台	计算平台实训台架
仪器、设备、工具	操作系统手册

（2）ROS 通信机制的解读

对 ROS 三种通信机制进行解读，将工作内容记录在表 8-6 中。

表 8-6 工作记录表

序号	工作项	项目	内容	备注
1	话题通信	定义		
		特点		
		模型中的角色		
		机制		
		智能汽车应用举例		
		描述是否准确	□是 □否	
		描述是否流畅	□是 □否	
2	服务通信	定义		
		特点		
		模型中的角色		
		机制		
		智能汽车应用举例		
		描述是否准确	□是 □否	
		描述是否流畅	□是 □否	

续表

序号	工作项	项目	内容	备注
3	参数服务器	定义		
		特点		
		模型中的角色		
		机制		
		智能汽车应用举例		
		描述是否准确	□是　□否	
		描述是否流畅	□是　□否	

（3）ROS 通信测试

使用操作系统手册对 ROS 进行通信测试，将工作内容记录在表 8-7 中。

表 8-7　工作记录表

序号	工作项	项目	内容	备注
1	基本信息	操作系统版本		
		ROS 类型与版本		
2	创建发布者节点	指令		
		是否设置成功	□是　□否	
3	创建 订阅者节点	指令		
		是否设置成功	□是　□否	
4	通信内容	字符串内容		
5	测试结果	运行是否正常	□是　□否	

（4）ROS 仿真测试

使用操作系统手册对 ROS 进行仿真测试，将工作内容记录在表 8-8 中。

表 8-8　工作记录表

序号	工作项	项目	内容	备注
1	基本信息	操作系统版本		
		ROS 版本		
2	终端一指令输入	指令		
		是否完成	□是　□否	

续表

序号	工作项	项目	内容	备注
3	终端二指令输入	指令		
		是否完成	□是　□否	
4	终端三指令输入	指令		
		是否完成	□是　□否	
5	键盘操控	是否可进行操控	□是　□否	
		反应是否灵敏	□是　□否	
		运动是否流畅	□是　□否	
6	检查节点消息传递	代码		
		绘制通信示意图		
		示意图含义解读		
7	测试结果	运行是否正常	□是　□否	

检查评估

对本任务的学习情况进行检查，并将相关内容填写在表 8-9 中。

表 8-9　检查表

检查项目	检查结果	结果点评
ROS 系统配置		
是否能准确描述 ROS 的组成	是□　否□	
是否能正确安装命令行工具和依赖	是□　否□	
是否能完成系统配置全过程	是□　否□	
ROS 系统测试		
是否能正确描述各类通信机制	是□　否□	
是否能完成通信测试	是□　否□	
是否能完成仿真测试	是□　否□	

续表

检查项目	检查结果	结果点评
整理及恢复		
工具、设备是否整理恢复	是□　否□	
实训工位是否打扫干净	是□　否□	
工作页是否填写完整	是□　否□	

任务小结

本任务小结如图 8-17 所示。

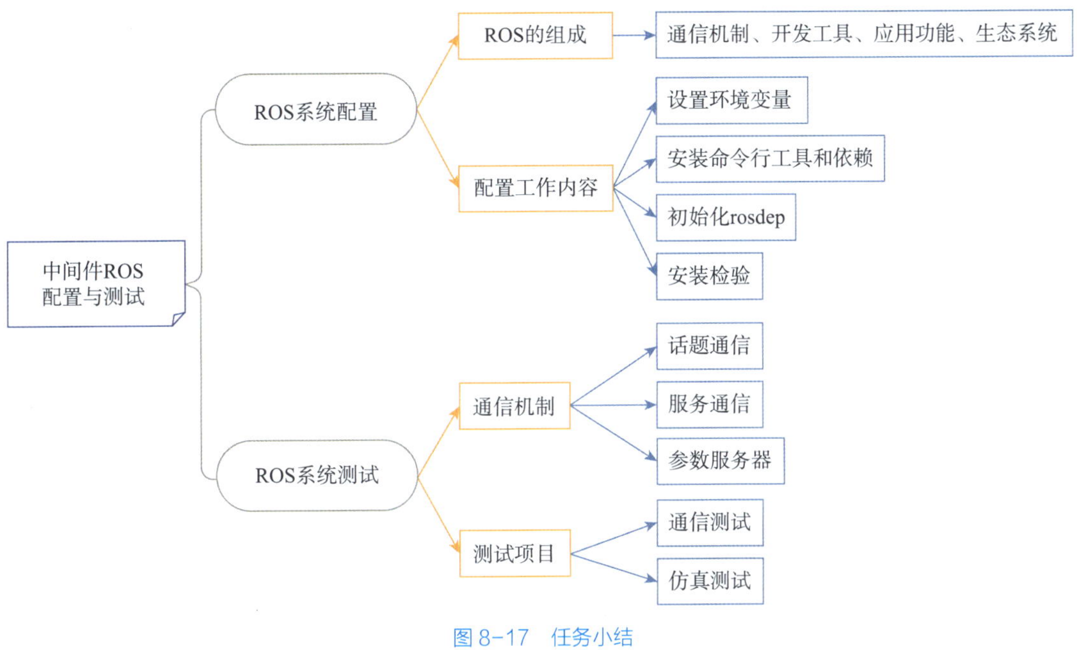

图 8-17　任务小结